Si quiere...

Este libro NO es para ti

Un Despertar Espiritual: Rechazando lo Superficial en la Vida Cristiana

D&D PUBLISHING

Daniel J Hernández Cruz

D&D PUBLISHING

Para más información puede contactar a:
ddpublishing20@gmail.com

Diseño de Portada: Gabriela Leal @esencialeal
Edición y revisión: Dayimi Pimentel

ISBN: 978-1-965252-92-5
LCCN: 2024921389

DEDICATORIA

A mi amada esposa Dayimi, mi motivo de inspiración
constante. Compañera de toda la vida, consejera y
amiga. Sus consejos siempre han sido demasiado útiles,
en particular a la hora de escribir este libro.

RECONOCIMIENTO

Es la mejor oportunidad para reconocer que sin Jesús este libro no tendría sentido. El ejemplo de Jesús me ha desafiado, Su sabiduría me ha guiado y el temor por no fallarle me ha hecho tener el cuidado de no escribir en mi propia inteligencia. Por lo tanto, he buscado encontrar respaldo bíblico a cada idea aquí plasmada. Espero que estas reflexiones te desafíen tanto como lo hicieron conmigo.

CONTENIDO

INTRODUCCIÓN

Si has tomado este libro esperando encontrar palabras reconfortantes que justifiquen un cristianismo cómodo y sin compromiso, te sugiero que lo devuelvas a su estante. Este libro NO es para ti.

En las páginas que siguen, nos embarcaremos en un viaje desafiante y posiblemente perturbador. Exploraremos el abismo que separa el cristianismo radical del primer siglo de la versión diluida y domesticada que a menudo se practica en nuestras iglesias contemporáneas.

Este no es un libro para aquellos que buscan una fe que se ajuste convenientemente a sus vidas ocupadas y sus ambiciones mundanas. No es para quienes desean un Dios que bendiga sus planes sin cuestionar sus prioridades. Y ciertamente no es para aquellos que creen que seguir a Cristo es compatible con la búsqueda del confort y la seguridad personal por encima de todo.

En cambio, este libro es una llamada de atención, un grito de batalla para aquellos que anhelan redescubrir la fe transformadora de los primeros seguidores de Jesús. Es para los que están dispuestos a cuestionar las suposiciones cómodas arraigadas que han despojado al cristianismo de su poder radical.

A lo largo de estas páginas, examinaremos el contraste sorprendente y a menudo inquietante entre la Iglesia del Nuevo Testamento y muchas de nuestras congregaciones actuales. Veremos cómo el mensaje desafiante de Jesús ha sido a menudo suavizado, cómo Su llamado al discipulado total ha sido reducido a una serie de clases dominicales, y cómo Su visión de una comunidad auténtica ha sido reemplazada por instituciones que se esfuerzan por encajar en la sociedad.

Este libro no ofrece soluciones fáciles ni fórmulas rápidas. En su lugar, invita a una reflexión profunda y honesta sobre lo que significa realmente seguir a cristo en el siglo XXI. Desafiará nuestras nociones preconcebidas, cuestionará nuestras prioridades y nos llamará a un compromiso más profundo y radical con el Evangelio.

Si estás satisfecho con un cristianismo que no perturba tu estilo de vida, que no desafía el statu quo, que no te exige sacrificio ni riesgo, entonces este libro NO es para ti. Pero si anhelas una fe que sea fiel a las enseñanzas de Jesús, que transforme vidas, que se atreva a ser diferente en un mundo conformista, entonces te invito a seguir leyendo. Prepárate para ser desafiado, incomodado y, con suerte, inspirado a abrazar un cristianismo que refleje verdaderamente la radicalidad del Evangelio del primer siglo.

Este viaje no será fácil, pero promete ser transformador, ¿estás listo para redescubrir el cristianismo en su forma más auténtica y desafiante?

La elección es tuya. Este libro no es para todos, ¿será para ti?

Daniel J Hernández Cruz

1

¿UNA IGLESIA DIFERENTE?

En mis más de dos décadas como pastor, dos preguntas han inquietado constantemente mi corazón: ¿Por qué la Iglesia de hoy es diferente a la Iglesia del primer siglo? ¿Qué tenían ellos que no tenemos nosotros?

Tal vez la Iglesia de hoy no sea tan diferente y tal vez ellos tenían algo que nosotros no tenemos. Tenemos a Jesús y Él sigue siendo el mismo ayer, hoy y por los siglos, tenemos al Espíritu Santo que siempre nos guiará a toda verdad. En Jesús encontraremos el consejo perfecto para tomar decisiones correctas de manera tal que podamos agradarle en todo lo que hagamos, hablemos y pensemos. De hecho, Jesús mismo aclaró que no somos del mundo pues si así fuera, el mundo nos amaría, pero en el contexto donde nos toca vivir debemos enfrentar desafíos diferentes, pero que de igual manera siguen siendo igualmente desafíos para la fe cristiana.

LA ESENCIA INMUTABLE

Antes de adentrarnos en las diferencias entre la Iglesia primitiva y la actual, es fundamental recordar que el núcleo de nuestra fe permanece constante e inquebrantable. Esta base sólida es la que nos sostiene a través de los cambios culturales y los desafíos de cada época.

1. Jesús: el mismo ayer, hoy y por los siglos

Jesucristo es la piedra angular de nuestra fe, inmutable en su naturaleza y propósito. Hebreos 13:8 nos recuerda: *"Jesucristo es el mismo ayer, y hoy, y por los siglos"*. (RV60)

Esta verdad eterna nos asegura que:

- Su amor por nosotros es constante e incondicional.
- Sus enseñanzas siguen siendo relevantes y transformadoras.
- Su sacrificio en la cruz mantiene su poder redentor.
- Su resurrección continúa ofreciendo esperanza y vida nueva.

2. El Espíritu Santo: nuestra guía hacia toda verdad

El Espíritu Santo, prometido por Jesús, sigue siendo

nuestro Consolador y Guía. Su presencia en nuestras vidas es tan vital hoy como lo era para los primeros cristianos. El Espíritu Santo:

- Nos convence de pecado, justicia y juicio (Juan 16:8).
- Nos guía a toda la verdad (Juan 16:13).
- Nos capacita para el servicio y el testimonio (Hechos 1:8).
- Produce en nosotros el fruto del Espíritu (Gálatas 5:22-23).

3. La Palabra de Dios: nuestra fuente inagotable de sabiduría y dirección

Las Escrituras siguen siendo nuestra autoridad suprema y nuestra guía infalible. Como afirma la Segunda carta a Timoteo 3:16-17: *"Toda la escritura es inspirada por Dios y útil para enseñar, para reprender, para corregir y para instruir en la justicia."* (RV60). La Palabra de Dios:

- Revela Su naturaleza y Su carácter.
- Proporciona principios eternos para una vida piadosa.
- Ofrece consuelo y esperanza en tiempos difíciles.
- Equipa al creyente para toda buena obra.

Esta esencia inmutable nos recuerda que, a pesar de los cambios en la forma en que la Iglesia se expresa o funciona, el fundamento de nuestra fe permanece inquebrantable. Es sobre esta base sólida que debemos construir y renovar constantemente nuestra comprensión y práctica de la fe cristiana.

Al reflexionar sobre estos elementos inmutables, somos desafiados a examinar cómo estamos permitiendo que Jesús, el Espíritu Santo y la Palabra de Dios moldeen nuestras vidas y nuestras comunidades de fe.

¿Estamos realmente centrados en Cristo, guiados por el Espíritu y fundamentados en las Escrituras?

Esta es la pregunta que cada generación de creyentes debe hacerse y responder con sinceridad y compromiso.

PERSPECTIVAS DE CAMBIO

Quizás yo esté equivocado y por eso quisiera que avanzáramos juntos en el deseo de encontrar respuestas. La diferencia entre la Iglesia del siglo XXI y la Iglesia del primer siglo se puede abordar desde varias perspectivas; cada una de ellas ligadas a cómo ha cambiado la cultura, las prioridades y, en algunos casos, la interpretación del Evangelio. Una mirada profunda revela, no sólo la evolución externa de la Iglesia, sino también la transformación interna en su enfoque hacia la vida cristiana y la relación con Dios.

A. Contexto cultural y social

Cuando reflexionamos sobre la Iglesia primitiva y la Iglesia moderna, debemos ver más allá de los hechos históricos y entender cómo esos contextos moldearon profundamente la vida espiritual de los creyentes. La Iglesia primitiva, nacida en un ambiente de persecución, encontró su fuerza en su debilidad. Como escribió el apóstol pablo: *"Cuando soy débil, entonces soy fuerte"* (2 corintios 12:10 NTV).

Esta aparente paradoja resuena en la vida de los primeros cristianos. Enfrentaban la muerte, el encarcelamiento, la marginación social, y todo tipo de adversidades, pero fue precisamente esa adversidad la que fortaleció su fe y los unió más como comunidad. Hebreos 11:36-38 (RV60) testifica sobre esto: *"Otros experimentaron vituperios y azotes, y a más de esto prisiones y cárceles. Fueron apedreados, aserrados, puestos a prueba, muertos a filo de espada; anduvieron de acá para allá cubiertos de pieles de ovejas y de cabras, pobres, angustiados, maltratados; de los cuales el mundo no era digno; errando por los desiertos, por los montes, por las cuevas y por las cavernas de la tierra"*. Esta persecución los empujaba a depender enteramente del Señor.

Cada paso, cada decisión, cada acto de fe se hacía a la luz de una total confianza en Cristo. Esta dependencia se reflejaba en la pureza del mensaje: *"porque no me avergüenzo del evangelio, porque es poder de Dios para salvación"* (Romanos 1:16 RV60).

En contraste, la Iglesia moderna, en muchos

contextos, disfruta de una posición privilegiada, especialmente en Occidente. Este privilegio, si bien es una bendición, también ha traído consigo desafíos espirituales únicos. La libertad religiosa, que tantas generaciones anteriores no pudieron disfrutar, a veces conduce a una fe que se adapta demasiado a las demandas y expectativas de la cultura circundante. La Biblia nos advierte en Romanos 12:2 (RV60): *"No os conforméis a este siglo, sino transformaos por medio de la renovación de vuestro entendimiento, para que comprobéis cuál sea la buena voluntad de Dios, agradable y perfecta"*. La Iglesia moderna se expone al peligro de adaptarse a las normas del mundo en lugar de vivir de acuerdo con los principios del Reino.

Como comunidad cristiana, corremos el riesgo de perder la radicalidad del Evangelio, el llamado a la transformación profunda, y conformarnos con una fe que, en lugar de desafiar al mundo, se acomoda a él. En el Sermón del Monte, específicamente en Mateo 5:13-14 (RV60), Jesús enseñó:

"Vosotros sois la sal de la tierra; pero si la sal pierde su sabor, ¿con qué será salada? No sirve más para nada, sino para ser echada fuera y hollada por los hombres. Vosotros sois la luz del mundo; una ciudad asentada sobre un monte no se puede esconder."

Cuando Jesús nos llama *"la sal de la tierra"* en Mateo 5:13, nos está otorgando un título de profundo significado y responsabilidad. En nuestros días, la sal es un producto común y económico. Podemos encontrar una variedad de sales en cualquier supermercado: sal de mesa, sal marina, sal del Himalaya, y muchos más tipos de sal. Sin embargo, en la época de Jesús, la sal era un bien precioso y escaso. La sal no sólo era un condimento, sino un elemento crucial para la preservación de alimentos en una Era sin refrigeración. Su importancia era tal que los soldados romanos a menudo recibían parte de su pago en sal, dando origen a la palabra "salario". Así, cuando Jesús nos llama ***"sal de la tierra"***, está declarando nuestro valor incalculable en el plan de Dios.

Ser la sal de la tierra implica que somos esenciales para el mundo. El Señor, en Su sabiduría infinita, ha decidido que somos necesarios para Su plan. Esta verdad debe sacudirnos: somos valiosos y útiles tanto para el Señor como para Su creación.

La Iglesia sólo alcanza su verdadero potencial cuando sirve más allá de sí misma, cuando se derrama por el bien de otros. Ser sal implica un desafío: debemos estar dispuestos a "disolvernos" por el bien del Reino. La sal cumple su propósito cuando se disuelve, cuando deja de existir como entidad separada para mejorar y preservar aquello en lo que se mezcla. Este es un llamado al sacrificio y a la humildad. No estamos llamados a ser el plato principal, sino el elemento que realza y preserva. Nuestra relevancia en el Reino de Dios está directamente relacionada con nuestra disposición a perdernos a nosotros mismos por amor a Cristo y Su misión.

Los creyentes hemos sido llamados a ser una influencia transformadora en el mundo, no a perder nuestro impacto espiritual y volvernos irrelevantes. La "sal" que pierde su sabor es una advertencia contra el cristianismo que se adapta tanto al mundo que pierde su poder de transformación.

B. Prioridades y enfoque

La Iglesia primitiva entendía el costo del discipulado, una verdad que, a menudo, se diluye en nuestra era moderna. Cuando Jesús habló de "tomar la cruz," sus oyentes sabían que él se refería a un sacrificio real, a la posibilidad de perderlo todo por seguirle. Hoy, en muchas regiones, esa cruz se ha vuelto más simbólica. Esto no significa que no enfrentemos desafíos o que nuestra fe no cueste, pero el contexto nos permite, en ocasiones, vivir un cristianismo más cómodo, enfocado en la realización personal más que en el sacrificio por otros o por el Evangelio. Sin embargo, Jesús dejó claro que seguirle siempre implica un precio: *"Así que no puedes convertirte en mi discípulo sin dejar todo lo que posees. "*. (Lucas 14:33 NTV).

Esta comparación no debe llevarnos a la nostalgia o al pesimismo. Más bien, nos ofrece una oportunidad. Podemos aprender de la Iglesia primitiva, pero también estamos llamados a vivir nuestra fe en el aquí y ahora, en medio de los desafíos únicos que nuestra cultura presenta. Esto implica recuperar la esencia del Evangelio, sin comprometer su mensaje radical, mientras encontramos formas creativas de ser relevantes en un mundo que cambia rápidamente.

Yo nací en Cuba, en un contexto diferente al de los Estados Unidos. Allí el lugar de reunirse puede ser un templo, donde por supuesto no hay aire acondicionado y en el mejor de los casos algún ventilador. Pero en los lugares más pobres (con el que tal vez cualquiera de ustedes se puede identificar si viene de un país hispano) puede ser que tenga por techo una carpa amarrada a cuatro postes de madera con piso de tierra, o sencillamente debajo de un gran árbol que les brinde una abundante sombra. Se caminan largas distancias para llegar hasta el lugar del Servicio pues no hay transportes disponibles. Sin embargo, aquí que tenemos todas las comodidades: aire acondicionado, asientos cómodos, equipos de sonido y música de alta tecnología, y hasta carros en los cuales movernos, buscamos excusas para no congregarnos. Entonces, ¿han cambiado nuestras prioridades y nuestro enfoque?

C. Enfoque Espiritual: Perspectiva Eterna vs. Temporal

La Iglesia del primer siglo vivía con una clara conciencia de que este mundo no era su hogar definitivo. Los creyentes veían su vida en la tierra como temporal, algo que debía ser vivido con la mirada puesta en la eternidad. El apóstol Pablo, por ejemplo, exhortaba a los cristianos a ***"poner la mira en las cosas de arriba, no en las de la tierra"*** (Colosenses 3:2 RV60). Esta mentalidad eterna los motivaba a soportar persecuciones, sufrimientos y la falta de recursos materiales, sabiendo que su verdadera recompensa estaba en el cielo. Vivían como extranjeros y peregrinos (1 Pedro 2:11), con el entendimiento de que su ciudadanía era celestial (Filipenses 3:20). El sufrimiento no los desanimaba, sino que los animaba a anhelar la gloria venidera. En este contexto, las pruebas temporales parecían insignificantes en comparación con la promesa de la vida eterna en Cristo.

En muchos casos, la Iglesia contemporánea, especialmente en contextos occidentales, se ha adaptado a una visión más terrenal y materialista. La comodidad, el éxito personal y el bienestar material a menudo se convierten en los objetivos principales, relegando la visión de la eternidad a un segundo plano. Aunque no todos los cristianos caen en esta trampa, es evidente que las iglesias modernas pueden enfocarse en logros temporales, como la estabilidad económica, el éxito profesional y el estatus social, más que en la búsqueda del Reino de Dios y Su justicia (Mateo 6:33). Este enfoque a menudo se ve reflejado en los mensajes que se predican, donde el énfasis puede estar en cómo mejorar la vida aquí y ahora, en lugar de preparar nuestra alma para la eternidad. Incluso el discipulado puede transformarse en un programa diseñado para el crecimiento personal o profesional, dejando de lado el llamado a tomar la cruz y seguir a Cristo, negándose a uno mismo y poniendo al Señor en primer lugar (Lucas 9:23).

Este contraste entre la Iglesia primitiva y la moderna nos lleva a reflexionar profundamente sobre cómo estamos viviendo nuestra fe. La tentación de enfocarnos en lo temporal es fuerte, especialmente en una sociedad donde el éxito material es visto como la medida del valor de una persona. Sin embargo, el Evangelio nos llama a recordar que todo lo que este mundo ofrece es pasajero y que nuestras vidas deben estar ancladas en las promesas eternas de Dios.

Al recuperar esta perspectiva, la Iglesia actual puede volver a enfocarse en su verdadera misión: ser luz y sal en el mundo, no para acumular tesoros en la tierra, sino para vivir con los ojos puestos en la gloria que está por venir (Mateo 6:19-20).

D. Vida comunitaria

El compromiso con la comunidad también es un aspecto crucial que ha cambiado a lo largo del tiempo. Mientras la Iglesia primitiva vivía en una comunidad profunda, compartiendo sus bienes y apoyándose mutuamente en todo, la Iglesia moderna, influenciada por el individualismo de nuestra época, a menudo lucha por encontrar esa misma profundidad de conexión.

En Hechos 2:42-47 encontramos una descripción de la comunidad cristiana en sus comienzos:

"Y perseveraban en la doctrina de los apóstoles, en la comunión unos con otros, en el partimiento del pan y en las oraciones. Y sobrevino temor a toda persona; y muchas maravillas y señales eran hechas por los apóstoles. Todos los que habían creído estaban juntos, y tenían en común todas

las cosas; y vendían sus propiedades y sus bienes, y los repartían a todos según la necesidad de cada uno. Y perseverando unánimes cada día en el templo, y partiendo el pan en las casas, comían juntos con alegría y sencillez de corazón, alabando a Dios y teniendo favor con todo el pueblo. Y el Señor añadía cada día a la iglesia los que habían de ser salvos. " (RV60)

La vida comunitaria profunda de la Iglesia primitiva, donde los creyentes compartían sus bienes, se cuidaban mutuamente, y vivían en unidad, es un modelo para el compromiso y la solidaridad en la Iglesia de hoy.

Pablo, en el libro de Romanos 12:4-5 subraya la interdependencia de los miembros del cuerpo de Cristo:

"Porque de la manera que en un cuerpo tenemos muchos miembros, pero no todos los miembros tienen la misma función, así nosotros, siendo muchos, somos un cuerpo en Cristo, y todos miembros los unos de los otros. " (RV60)

No somos individuos aislados, sino parte de una comunidad donde cada persona tiene un papel vital. En medio de la Era digital, nuestras conexiones pueden volverse superficiales. Nos hemos acostumbrado a responder mensajes con un emoji que refleja lo que queremos decir, y a veces creemos que nuestras relaciones con los demás también podemos resolverlas del mismo modo. Sin embargo, esta realidad no es irreversible. Al reorientar nuestras prioridades, al poner a

Dios y a los demás en el centro, podemos redescubrir lo que significa ser una verdadera comunidad de fe.

La Biblia, en Juan 13:34-35, nos dice:

"Un mandamiento nuevo os doy: Que os améis unos a otros; como yo os he amado, que también os améis unos a otros. En esto conocerán todos que sois mis discípulos, si tenéis amor los unos por los otros." (RV60)

Jesús señala que el amor mutuo es lo que distingue a sus discípulos. Las conexiones superficiales no pueden reflejar este amor profundo y transformador; tenemos el ejemplo de Jesús, así que es necesario que el Señor y nuestro prójimo sean una prioridad en nuestra vida.

En Colosenses 3:12-14 podemos leer:

"Vestíos, pues, como escogidos de Dios, santos y amados, de entrañable misericordia, de benignidad, de humildad, de mansedumbre, de paciencia; soportándoos unos a otros, y perdonándoos unos a otros si alguno tuviere queja contra otro. De la manera que Cristo os perdonó, así también hacedlo vosotros. Y sobre todas estas cosas vestíos de amor, que es el vínculo perfecto." (RV60)

En este texto podemos apreciar las cualidades necesarias para formar una comunidad auténtica y profunda. El "vínculo perfecto" es el amor, el cual no puede desarrollarse en relaciones superficiales, sino en un compromiso genuino con los demás.

E. Influencia y poder

Finalmente, la influencia social y el poder son temas importantes en esta reflexión. La Iglesia primitiva, marginada y sin poder político, dependía únicamente del Señor para sobrevivir y prosperar. Sin acceso a recursos humanos significativos, los primeros cristianos dependían completamente del poder del Espíritu Santo. Como Pablo escribió en 2da Corintios 12:9, ***"Mi poder se perfecciona en la debilidad."*** Su fe se demostraba no a través de la influencia política o social, sino a través del amor radical y el sacrificio personal, por lo que la Iglesia ofrecía una alternativa clara al sistema de valores del Imperio Romano, atrayendo a muchos por su autenticidad.

En la Iglesia actual, especialmente en contextos donde la religión tiene poder e influencia, puede surgir la tentación de confiar más en los recursos humanos que en la dependencia total de Dios. Sin embargo, la invitación del Evangelio sigue siendo la misma: confiar en Él por encima de todo. El deseo de mantener la influencia puede llevar a la Iglesia a comprometer su mensaje profético y Su llamado a ser "sal y luz" en la sociedad. Cuando la Iglesia se alinea demasiado con las estructuras de poder terrenales, puede perder su distintivo como comunidad alternativa del Reino de Dios.

En el libro de los Salmos 20:7, el Señor nos dice: ***"Estos confían en carros, y aquellos en caballos;***

mas nosotros del nombre de Jehová nuestro Dios tendremos memoria. " (RV60)

El salmista contrasta la confianza en el poder militar (carros y caballos) con la confianza en el Señor. Es un recordatorio de que, como la Iglesia primitiva, nuestra fuerza debe venir de Él, no de las influencias o poderes terrenales.

Por otra parte, Mateo 6:33 nos desafía:

"Mas buscad primeramente el reino de Dios y su justicia, y todas estas cosas os serán añadidas. " (RV60)

Jesús nos recuerda que la prioridad de la Iglesia debe ser buscar el Reino de Dios antes que cualquier influencia o poder terrenal. Si nosotros, como la Iglesia actual, reorientamos nuestro enfoque hacia la dependencia total en el Señor, todas las demás cosas serán añadidas. Nuestra tarea es ser embajadores de ese Reino, confiando no en el poder terrenal, sino en el poder transformador de Cristo que obra en y a través de nosotros.

Todo este análisis nos invita a no caer en la complacencia. En cambio, nos llama a reflexionar sobre cómo podemos vivir una fe auténtica, comprometida en medio de la libertad que disfrutamos. Nos desafía a recuperar el sentido de misión, de comunidad y de dependencia en Dios que caracterizaba a la Iglesia primitiva, mientras seguimos buscando formas de ser una luz en medio de un mundo en constante cambio.

Si hasta ahora continúas leyendo el libro es posible que estés de acuerdo conmigo, y quiero compartir algo más contigo. La Iglesia del siglo XXI ha cambiado porque el contexto cultural, social y económico es diferente, pero el desafío sigue siendo el mismo: recuperar la esencia radical del Evangelio de Cristo.

La Iglesia primitiva estaba centrada en la transformación profunda y radical del corazón, una vida de sacrificio, amor genuino y una esperanza en la eternidad.

Hoy más que nunca, la Iglesia necesita regresar a esas raíces, desprendiéndose de las distracciones temporales y buscando a Dios con la misma intensidad que aquellos primeros creyentes, quienes sabían que el *"vivir es Cristo y morir es ganancia"* (Filipenses 1:2).

MOMENTOS DE REFLEXIÓN

Como la Iglesia del siglo XXI, debemos preguntarnos:

- ❑ ¿Cómo podemos recuperar la pasión y el compromiso de la Iglesia primitiva?

- ❑ ¿De qué manera podemos equilibrar nuestra relevancia cultural con la fidelidad al Evangelio?

- ❑ ¿Cómo podemos fomentar una comunidad auténtica en una Era digital?

2

EL EVANGELIO DILUIDO

Imagina que entras a tu cafetería favorita, pides tu café habitual, y al probarlo, notas que algo no está bien. El sabor es débil, aguado, casi imperceptible. Te das cuenta de que han diluido tanto el café que apenas puedes reconocerlo. Ahora, pregúntate: ¿es posible que hayamos hecho lo mismo con el Evangelio de Jesucristo?

En los últimos años, he observado con creciente preocupación cómo el mensaje poderoso y transformador de nuestro Señor se ha ido diluyendo gradualmente en muchas de nuestras iglesias y vidas personales. Hemos tomado el "expreso" puro y potente del Evangelio y lo hemos convertido en un "latte" descafeinado, suave y fácil de digerir.

El título de este capítulo, "El Evangelio Diluido", puede resultar provocador. Sin embargo, esta provocación es intencional y necesaria. Como seguidores de Cristo, estamos llamados a examinar constantemente nuestra fe y práctica. El Señor me ha inquietado a hacer profundo en cuanto a esta reflexión y no es porque el Evangelio de Jesús esté diseñado para estar diluido sino porque nosotros lo hemos diluido, lo hemos readaptado a nuestro contexto.

Y como siempre, algunas preguntas venían a mi mente. Es posible que a ti se te ocurran otras; sin embargo, algo me tiene intranquilo con la manera en que las congregaciones están viviendo "el Evangelio de hoy", así que, en nuestra búsqueda de autenticidad y fidelidad al Evangelio original, debemos enfrentar tres preguntas fundamentales:

- ❑ ¿Qué ha pasado con el poder transformador del Evangelio?
- ❑ ¿Por qué nuestras iglesias están llenas, pero nuestras vidas vacías?
- ❑ ¿Cómo hemos domesticado el mensaje de Cristo?

En los últimos siglos, hemos visto cómo el mensaje del Evangelio ha sido, en muchos contextos, suavizado o diluido. Esto no ha ocurrido de manera deliberada o con malas intenciones, sino como un reflejo de la creciente influencia de las culturas y las sociedades en las que la Iglesia ha estado inmersa.

Vivimos en un tiempo en el que el mensaje central del Evangelio, la buena nueva de Jesucristo puede perder su fuerza y radicalidad cuando lo ajustamos para hacerlo más atractivo o aceptable. Este fenómeno, al que llamamos "el Evangelio diluido", presenta desafíos serios para la Iglesia contemporánea.

LA FUERZA IMPARABLE DEL CRISTIANISMO PRIMITIVO

El cristianismo del primer siglo era una fuerza radical, una corriente imparable que no solamente transformaba vidas individuales, sino que sacudía Imperios, también trastornando las estructuras sociales y políticas de su tiempo. Los primeros creyentes no eran simplemente un grupo de personas con una nueva filosofía de vida; eran vistos como revolucionarios que alteraban el curso de la historia. Un claro ejemplo de esto se ve en Hechos 17:6 (RV60), donde se dice de los cristianos: *"¡Esos que trastornan el mundo entero han llegado también acá!"*. No eran simplemente seguidores de una nueva religión, sino personas que, por su fe en Cristo, alteraban el orden establecido, llevando esperanza y transformación a un mundo roto.

Los creyentes del primer siglo vivían con una profunda convicción de que el Evangelio no era algo pasivo, sino una verdad viva y poderosa que cambiaba todo a su alrededor.

En Hechos 4:33 (RV60), se nos dice que *"con gran poder los apóstoles daban testimonio de la resurrección del Señor Jesús, y abundante gracia era sobre todos ellos."* Esta fuerza no venía de estrategias humanas ni de influencias políticas, sino del poder del

Espíritu Santo obrando a través de hombres y mujeres comunes que vivían con un sentido de misión y sacrificio.

En contraste, muchas iglesias modernas a menudo ofrecen poco más que entretenimiento semanal y consejos de autoayuda. En lugar de ser un movimiento que trastorna el mundo, pueden convertirse en un lugar donde la gente va a sentirse bien momentáneamente, sin experimentar una transformación profunda y duradera. El apóstol Pablo, en Segunda de Timoteo 3:5, advierte acerca de tener *"apariencia de piedad, pero negando la eficacia de ella."* Es fácil caer en el ritual de la religión sin experimentar el verdadero poder que transforma vidas y corazones.

El mismo mensaje que llevó a los primeros cristianos a impactar el mundo sigue siendo igual de relevante y transformador hoy en día. El desafío para la Iglesia moderna es regresar a la radicalidad y autenticidad del cristianismo primitivo, un cristianismo que no busca acomodarse a las expectativas culturales o sociales, sino que vive en el poder del Espíritu, siendo sal y luz en un mundo necesitado (Mateo 5:13-16).

La Iglesia primitiva entendía que el cristianismo no era un camino fácil. En Lucas 9:23-26, Jesús deja claro el costo de seguirle: *"Si alguno quiere venir en pos de mí, niéguese a sí mismo, tome su cruz cada día, y sígame. Porque todo el que quiera salvar su vida, la perderá; y todo el que pierda su vida por causa de mí, este la salvará. Pues ¿qué aprovecha al hombre, si gana todo el mundo, y se destruye o se pierde a sí mismo? Porque el que se avergonzare de mí y de mis palabras, de este se avergonzará el Hijo del Hombre cuando venga en su gloria, y en la del Padre, y de los santos ángeles. "* (RV60)

Esta entrega total era la base de la vida cristiana. Para ellos, la fe no era un aspecto más de su vida; era la esencia misma de su existencia, y su misión de llevar el Evangelio era urgente.

Como vimos en el capítulo anterior, negarse a uno mismo no significa una simple renuncia a placeres o comodidades superficiales, sino una disposición a someter todo nuestro ser a la voluntad de Dios. Esto implica renunciar a nuestros propios deseos, sueños y ambiciones si están en conflicto con Sus propósitos. En tiempos de Jesús, la cruz era un símbolo de muerte y sufrimiento, no sólo un adorno o un símbolo religioso. Llevar la cruz significa estar dispuesto a enfrentar el rechazo, el dolor e incluso la muerte, todo por la causa de Cristo. No es algo que se hace una vez, sino que es una decisión diaria de caminar en los pasos de Jesús, aun cuando el costo sea alto.

En nuestra cultura, somos constantemente alentados a "salvar" nuestra vida—es decir, a asegurarnos bienestar, seguridad y éxito material. Pero Jesús nos llama a algo más profundo. El que busca preservar su vida según los estándares del mundo, centrándose en el yo y los logros terrenales, al final lo perderá todo. Sin embargo, el que está dispuesto a entregar su vida por Cristo, confiando en Él y priorizando Su Reino por encima de todo, encontrará la verdadera vida: la vida eterna. La paradoja aquí es clara: al morir a nosotros mismos, encontramos la vida abundante en Cristo.

El Evangelio no ha perdido su esencia, y su poder transformador no ha cambiado. El llamado para nosotros es recuperar esa pasión transformadora que caracterizaba a los primeros seguidores de Cristo, quienes no sólo veían al Evangelio como una enseñanza, sino como una fuerza capaz de cambiar el curso de la historia. Es un llamado a dejar de lado el entretenimiento superficial y abrazar el poder de Dios que realmente transforma vidas, comunidades y naciones.

IGLESIAS LLENAS, PERO VIDAS VACÍAS

Quiero desafiarte a examinar la discrepancia entre la asistencia a la Iglesia y la transformación real en las vidas de los creyentes. Es una invitación que te hago para que hagamos una reflexión honesta y, a lo mejor, incómoda sobre nuestra fe y práctica.

A. La Trampa de la Religiosidad Externa

Muchos de nosotros, tristemente, hemos caído en la trampa de confundir la actividad religiosa con la espiritualidad auténtica. Jesús advirtió sobre esto en Mateo 15:7-9:

"Hipócritas, bien profetizó de vosotros Isaías, cuando dijo: Este pueblo de labios me honra; mas

23

su corazón está lejos de mí. Pues en vano me honran, enseñando como doctrinas, mandamientos de hombres. " (RV60)

Jesús no se anda con rodeos al llamarlos "hipócritas". Esta palabra, *hupokrites* en griego, evoca la imagen de un actor de teatro antiguo. Imagina a estos actores, no con el maquillaje sutil que conocemos hoy, sino con máscaras enormes que ocultaban por completo sus rostros y artefactos que distorsionaban sus voces. La habilidad de un actor se medía por cuán diferente podía ser de su verdadero yo. Piensa en algún actor famoso, capaz de transformarse completamente en cada papel y que esta interpretación difiera completamente de su verdadera personalidad.

Pero aquí está la clave: un actor no es realmente el personaje que interpreta. Y eso es exactamente lo que Jesús está señalando sobre los fariseos. Están interpretando un papel, fingiendo seguir a Dios, cuando en realidad, bajo esa máscara de piedad, están haciendo todo lo contrario. El Señor, en su sabiduría, decide hacer algo sorprendente. En lugar de responder directamente a los fariseos, se dirige al pueblo. Es como si dijera: "Miren, no se dejen engañar por estas actuaciones religiosas. Les voy a mostrar lo que realmente importa." Este enfoque de Jesús nos desafía a examinar nuestras propias vidas. ¿Estamos simplemente "actuando" como cristianos, o estamos viviendo una fe auténtica y transformadora? Es una pregunta incómoda, pero necesaria si queremos evitar caer en la misma trampa que los fariseos.

Es fácil llenar nuestras iglesias con personas que siguen rutinas religiosas: asisten a servicios, participan en actividades, y se adhieren a patrones visibles de comportamiento. Pero estas prácticas externas, aunque importantes, no garantizan una transformación interna.

B. La Búsqueda de Comodidad en lugar de Transformación

En nuestra cultura moderna, existe una tendencia alarmante a buscar un Evangelio que nos haga sentir bien en lugar de uno que nos desafíe a cambiar radicalmente. Esta tendencia choca directamente con el llamado de Jesús a un discipulado radical y sacrificial. Jesús mismo nos advirtió sobre la naturaleza desafiante de seguirle cuando dijo:

"Las zorras tienen guaridas, y las aves del cielo nidos; mas el Hijo del Hombre no tiene dónde recostar su cabeza." (Mateo 8:20 RV60)

Esta declaración de Jesús es profundamente reveladora y se convierte en un reto para nosotros. Consideremos sus implicaciones:

1. **Rechazo del confort que ofrece el mundo**: Jesús, el Hijo de Dios, eligió voluntariamente una vida sin las comodidades básicas que incluso los animales disfrutan. Esto contrasta fuertemente con nuestra búsqueda constante de comodidad y seguridad material. *"...el cual, siendo en forma de Dios, no estimó el ser igual a Dios como cosa a que aferrarse, sino que se despojó a sí*

mismo, tomando forma de siervo, hecho semejante a los hombres; y estando en la condición de hombre, se humilló a sí mismo, haciéndose obediente hasta la muerte, y muerte de cruz. " (Filipenses 2:6-8 RV60).

2. **Llamado al desapego**: Al señalar su falta de hogar permanente, Jesús nos está invitando a un estilo de vida de desapego de las posesiones y comodidades terrenales. *"No almacenes tesoros aquí en la tierra, donde las polillas se los comen y el óxido los destruye, y donde los ladrones entran y roban. Almacena tus tesoros en el cielo, donde las polillas y el óxido no pueden destruir, y los ladrones no entran a robar. Donde esté tu tesoro, allí estarán también los deseos de tu corazón."* (Mateo 6: 19-21 NTV).

3. **Prioridad del Reino sobre el confort personal**: La misión de Jesús era tan urgente e importante que estaba dispuesto a renunciar a las comodidades básicas para cumplirla. ¿Podemos decir lo mismo de nuestra dedicación al Reino? *"Busquen el reino de Dios por encima de todo lo demás y lleven una vida justa, y él les dará todo lo que necesiten. "* (Mateo 6:33 NTV).

4. **Identificación con los marginados**: Al vivir sin un lugar fijo para recostar su cabeza, Jesús se

identificaba con los pobres y los sin hogar, desafiándonos a hacer lo mismo. *"Porque tuve hambre, y me disteis de comer; tuve sed, y me disteis de beber; fui forastero, y me recogisteis; estuve desnudo, y me cubristeis; enfermo, y me visitasteis; en la cárcel, y vinisteis a mí. Entonces los justos le responderán diciendo: Señor, ¿cuándo te vimos hambriento, y te sustentamos, o sediento, y te dimos de beber? ¿Y cuándo te vimos forastero, y te recogimos, o desnudo, y te cubrimos? ¿O cuándo te vimos enfermo, o en la cárcel, y vinimos a ti? Y respondiendo el Rey, les dirá: De cierto os digo que en cuanto lo hicisteis a uno de estos mis hermanos más pequeños, a mí lo hicisteis."* (Mateo 25:35-40 RV60).

Sin embargo, en muchas de nuestras iglesias modernas, hemos domesticado este mensaje radical. En lugar de abrazar el desafío de Jesús, hemos creado un cristianismo cómodo que promete:

- Prosperidad material en lugar de riqueza espiritual.
- Autoestima elevada en lugar de humildad y negación.
- Soluciones rápidas a problemas complejos en lugar de un camino de discipulado a largo plazo.
- Entretenimiento espiritual en lugar de transformación profunda.

Este Evangelio "domesticado" puede llenar nuestras iglesias, pero deja nuestras vidas espiritualmente vacías. No produce discípulos dispuestos a sacrificarlo todo por Cristo, sino consumidores religiosos que buscan beneficios personales.

Hemos enseñado a nuestra gente a ver al Señor como un supermercado al que entramos cuando tenemos alguna necesidad: estoy enfermo, entro y busco sanidad; tengo carencias materiales, entro a buscar provisión; tengo problemas o pruebas, entro a buscar paz y solución a esos problemas. Esta mentalidad de "consumidor espiritual" ha distorsionado gravemente nuestra relación con Dios y el propósito del Evangelio.

En lugar de buscarlo por quién Él es y adorarle por Su gloria y majestad, hemos reducido nuestra fe a una transacción: "Dios, dame esto y yo haré aquello". Esta actitud no sólo es egoísta, sino que también contradice la esencia misma del Evangelio, que nos llama a morir a nosotros mismos y vivir para Cristo.

Perdóname si digo algo que te vaya a ofender, pero en cualquier congregación generalmente el veinte por ciento se ocupa de servir y ayudar para que la Iglesia funcione; y el resto, el ochenta por ciento, solamente asiste a la congregación con un espíritu consumista. Y tal vez yo no haya sido muy claro, pero un espíritu consumista significa que vengo solamente a recibir, a llenarme de buenas sensaciones. En el mejor de los casos escuchar el sermón y luego regresar a mi casa, a mi vida fuera del concepto de Iglesia, donde tengo otras preocupaciones, otras prioridades, otros asuntos en los cuales invertir el tiempo, hasta que llegue el próximo domingo. Pero tranquilo, este libro no es para ti. Es posible que usted se encuentre en el veinte por ciento de los que aman a Jesús con todo su corazón y han entendido el propósito al cual los ha llamado. Si es así, alabo al Señor por ello; si no es de esa manera, oro para que Dios te mueva del ochenta por ciento al veinte por ciento que sí está dispuesto a marcar la diferencia.

El verdadero mensaje de Cristo nos desafía a buscar primero el Reino de Dios y Su justicia (Mateo 6:33), confiando en que Él proveerá para nuestras necesidades. Nos llama a una relación de amor y obediencia, no a una de conveniencia y demanda. Cuando domesticamos el Evangelio de esta manera, perdemos de vista el llamado a la transformación radical que Jesús nos hace. Ya no buscamos ser conformados a la imagen de Dios (*Imago Dei* en latín), sino que intentamos conformar a Dios a nuestra imagen y deseos. La **Imago Dei** nos recuerda que los seres humanos tenemos un propósito y una identidad dados por Dios. ***"Entonces dijo Dios: Hagamos al hombre a nuestra imagen, conforme a nuestra semejanza; y señoree en los peces del mar, en las aves de los cielos, en las bestias, en toda la tierra, y en todo animal que se arrastra sobre la tierra. Y creó Dios al hombre a su imagen, a imagen de Dios lo creó; varón y hembra los creó."*** (Génesis 1:26-27 RV60). Reflejamos Su carácter en nuestras relaciones, capacidades y responsabilidad hacia el mundo.

Aunque la imagen de Dios en nosotros fue distorsionada por el pecado (*"Pues todos hemos pecado; nadie puede alcanzar la meta gloriosa establecida por Dios."* Romanos 3:23 NTV), se renueva a través de Jesucristo (*"Sin embargo, en su gracia, Dios gratuitamente nos hace justos a sus ojos por medio de Cristo Jesús, quien nos liberó del castigo de nuestros pecados. Pues Dios ofreció a Jesús como el sacrificio por el pecado. Las personas son declaradas justas a los ojos de Dios cuando creen que Jesús sacrificó su vida al derramar su sangre. Ese sacrificio muestra que Dios actuó con justicia cuando se contuvo y no castigó a los que pecaron en el pasado."* Romanos 3:24-25 NTV), quien nos llama a una vida que refleje el amor, la justicia y la santidad de Dios (*"Pues somos la obra maestra de Dios. Él nos creó de nuevo en Cristo Jesús, a fin de que hagamos las cosas buenas que preparó para nosotros tiempo atrás."* Efesios 2:10).

Esta domesticación del Evangelio, que mencionamos anteriormente, también ha llevado a muchos a ver la fe cristiana como un medio para alcanzar la prosperidad material o el éxito personal, en lugar de un camino de discipulado que puede implicar sufrimiento y sacrificio por amor a Su Reino.

Para restaurar la potencia del Evangelio en nuestras vidas y en nuestras iglesias, debemos volver a la verdad fundamental de que el Señor es soberano y digno de adoración por quién Él es, no por lo que puede darnos.

No debemos seguirlo por los "panes y peces". Debemos recuperar la visión de un Dios que nos llama a una vida de entrega total, no de conveniencia ocasional.

El desafío para nosotros hoy es desaprender estas nociones domesticadas del Evangelio y volver a la radicalidad del mensaje de Cristo, que nos llama a una vida de discipulado comprometido, un amor que está dispuesto a hacer sacrificios por los demás y obediencia incondicional a Dios, independientemente de nuestras circunstancias o necesidades personales.

CÓMO HEMOS DOMESTICADO EL MENSAJE DE CRISTO

La "Suavidad" del Mensaje

Uno de los primeros efectos de un Evangelio diluido es que se ha suavizado su mensaje central. En lugar de presentar el mensaje de las Buenas Nuevas de Salvación como un llamado a la transformación radical, al arrepentimiento y a la entrega total, a veces lo reducimos a una serie de principios morales o recomendaciones para mejorar la vida. Esto puede resultar en un mensaje que carece de poder transformador. Si reducimos el mensaje de Jesús a una serie de normas éticas, lo estamos privando de su verdadera capacidad para cambiar vidas. El Evangelio no es simplemente un conjunto de buenos consejos para vivir mejor, sino una proclamación del Reino de Dios que irrumpe en la vida del creyente, trayendo consigo salvación y restauración.

Jesús comenzó su ministerio proclamando: *"Arrepentíos, porque el reino de los cielos se ha acercado"* (Mateo 4:17 RV60).

Muchas iglesias en la actualidad evitan hablar del pecado y el arrepentimiento, prefiriendo mensajes más "positivos" y menos confrontativos, al usar frases de psicología motivacional. Pero la realidad es que, sin un verdadero arrepentimiento, no puede haber una transformación genuina.

Jesús nunca suavizó el mensaje del Reino:

"Entrad por la puerta estrecha; porque ancha es la puerta, y espacioso el camino que lleva a la perdición, y muchos son los que entran por ella; pero angosta es la puerta, y estrecho el camino que lleva a la vida, y pocos son los que la hallan." (Mateo 7:13-14 RV60)

Por la puerta ancha y el camino espacioso entran multitudes, porque es la opción más fácil; y hay quienes entran porque sencillamente están siguiendo a esa multitud. En Cuba tenemos un dicho: ¿A dónde va Vicente? Para donde va la gente. ¿Y no seremos nosotros de los que estamos adquiriendo el hábito de seguir a la multitud? ¿De qué manera los seguimos? Estamos imitando su forma de hablar, de vestir, adoptando sus filosofías de vida y su entretenimiento, y asimilando sus opiniones y costumbres; educando a los hijos según los patrones del sistema anticristiano para no "desentonar". Nos hemos acostumbrado a seguir a la mayoría, pero

Jesús nos advierte que seguir a la multitud nos conduce a la perdición.

Jesús deja claro que el camino hacia la vida eterna no es fácil ni popular, y nos enseña que seguirle no es una decisión cómoda, sino un compromiso que implica dificultad y un camino angosto. El camino hacia la vida eterna es un camino de arrepentimiento, de negarse a uno mismo, de sacrificio (Lucas 18:18-30; Mateo 16:24-26) y de sufrimiento (Juan 15:20-21).

"Y Jesús le dijo: Ninguno que poniendo su mano en el arado mira hacia atrás, es apto para el reino de Dios." (Lucas 9:62 RV60)

Recuerdo una representación teatral que hicieron los jóvenes de la Iglesia para un servicio especial sobre misiones. Escenificaron la vida de Jim Elliot, y todavía en mi mente resuena una frase dicha por este hombre y que esa noche usaron, fue algo que impactó mi vida: "No es un tonto aquel que entrega lo que aquí no puede retener, para ganar eso que nunca podrá perder".

Jesús establece que el Reino requiere un enfoque total, compromiso absoluto y una entrega completa. No se permite vacilación ni retroceso en el llamado a seguirle.

Ahora bien, es fácil caer en la trampa de usar nuestra propia vara de medir a la hora de juzgar el compromiso de otros con Cristo. Como pastor, podría ver la asistencia a los servicios, especialmente los menos concurridos, como el barómetro definitivo del compromiso. Un joven podría interpretar el compromiso como ser activo en su grupo de jóvenes y participar en actividades comunitarias. Un anciano, por su parte, podría considerar que su compromiso se manifiesta en la oración constante y en compartir sabiduría con las nuevas generaciones. Todos estos ejemplos tienen mérito, pero nos alejan del verdadero desafío que Jesús nos presenta. En lugar de compararnos con otros o establecer estándares arbitrarios, debemos enfocarnos en el fruto genuino que provoca una correcta relación con Cristo.

El verdadero compromiso no se mide por métricas externas, sino por la transformación interna que Cristo obra en nosotros. Jesús nos llama a un examen honesto de nuestros corazones. No se trata de señalar con el dedo a quienes percibimos como menos comprometidos, sino de permitir que el Espíritu Santo ilumine las áreas de nuestras vidas que necesitan un ajuste. El compromiso auténtico con el Señor a menudo se revela en los aspectos menos visibles de nuestras vidas: nuestras actitudes, nuestros pensamientos y nuestras prioridades ocultas.

Preguntémonos entonces:
- ¿Estoy realmente siguiendo a Cristo, o sólo siguiendo una versión cómoda de Su llamado?
- ¿Hay áreas de mi vida que he mantenido fuera de Su Señorío?
- ¿Estoy dispuesto a permitir que Jesús desafíe y transforme incluso los aspectos más arraigados de mi carácter y mis hábitos?

El verdadero compromiso con Cristo no se trata de cumplir con una lista de tareas religiosas, sino de una rendición total y continua a Su voluntad. Es un viaje de crecimiento, transformación y, a veces, incomodidad santa.

"Si alguno viene a mí, y no aborrece a su padre, y madre, y mujer, e hijos, y hermanos, y hermanas, y aun también su propia vida, no puede ser mi discípulo. Y el que no lleva su cruz y viene en pos de mí, no puede ser mi discípulo." (Lucas 14:26-27 RV60)

Lucas nos presenta una escena reveladora: grandes multitudes seguían a Jesús, atraídas por Su mensaje y Sus milagros. Pero Jesús, conociendo sus corazones, se vuelve hacia ellos para desafiar sus conceptos superficiales de lo que significa seguirle verdaderamente. Esta multitud no estaba compuesta solamente por antagonistas o escépticos, sino también por personas que mostraban un interés genuino en Jesús. Viajaban con Él, escuchaban Sus enseñanzas, presenciaban Sus obras. Desde fuera, parecían discípulos comprometidos. Sin embargo, el Maestro vio más allá de las apariencias.

Muchos en esa multitud, al igual que algunos hoy, confundían su interés y admiración por Jesús con un verdadero discipulado. Estaban dispuestos a seguirle, siempre y cuando el costo no fuera demasiado alto o las demandas demasiado grandes. ¿No nos suena familiar?

En nuestras iglesias contemporáneas, vemos a menudo este mismo patrón: personas que participan en actividades "cristianas" - asisten a servicios, oran, cantan alabanzas - pero cuyo compromiso con Cristo es superficial. Siguen la corriente de la vida cristiana, sin estar dispuestos a renunciar a aquello que entra en conflicto con seguir de manera radical a Jesús.

El Hijo de Dios no estaba interesado en seguidores casuales. Su llamado entonces, como ahora, es a un discipulado radical, a una entrega total. No busca admiradores, sino seguidores dispuestos a negarse a sí mismos, tomar su cruz y seguirle, sin importar el costo.

¿QUÉ CARACTERIZABA LA PREDICACIÓN APOSTÓLICA?

La predicación apostólica se caracteriza por su profundidad espiritual, su poder transformador, y su fidelidad al mensaje de Cristo. Quiero compartirte algunos aspectos clave que, según mi entendimiento, definieron la predicación de los apóstoles:

1. Cristocéntrica y fundamentada en las Escrituras:

La predicación apostólica estaba centrada en la persona y la obra de Jesucristo. Los apóstoles constantemente volvían al Evangelio, destacando la muerte y resurrección de Cristo como el fundamento de la fe cristiana. Pedro, en su primer sermón en el día de

Pentecostés, se basó en las Escrituras veterotestamentarias (Antiguo Testamento) para demostrar que Jesús era el Mesías prometido (Hechos 2:14-36). Este enfoque en las Escrituras subraya la autoridad y la continuidad del plan redentor de Dios desde el principio. *"Porque los judíos piden señales, y los griegos buscan sabiduría; pero nosotros predicamos a Cristo crucificado, para los judíos ciertamente tropezadero, y para los gentiles locura; mas para los llamados, así judíos como griegos, Cristo poder de Dios, y sabiduría de Dios."* (1ra Corintios 1:22-24 RV60)

"Porque no nos predicamos a nosotros mismos, sino a Jesucristo como Señor" (2da Corintios 4:5 (a) RV60)

2. Poder del Espíritu Santo:

La predicación apostólica no era un esfuerzo meramente humano basado en la elocuencia o la sabiduría de los predicadores, sino que estaba empoderada por el Espíritu Santo. Los apóstoles, habiendo recibido el Espíritu en Pentecostés, predicaban con una convicción y una autoridad que no provenían de ellos mismos, sino del Espíritu de Dios. Esto se manifiesta en la valentía de Pedro, que pasó de ser un hombre que negó a Cristo a proclamar el Evangelio con audacia ante miles (Hechos 4:8-13). *"Y ni mi palabra ni mi predicación fue con palabras persuasivas de humana sabiduría, sino con demostración del Espíritu y de poder, para que vuestra fe no esté fundada en la sabiduría de los hombres, sino en el poder de Dios.*" (1ra Corintios 2:4-5 RV60)

3.   Llamado al arrepentimiento y a la fe:

Los apóstoles predicaban con un sentido urgente de la necesidad de arrepentimiento y fe en Jesucristo. El mensaje no era simplemente informativo, sino transformador; era un llamado que demandaba una respuesta personal. Pedro, en su predicación, instaba a la gente a *"arrepentirse y bautizarse"* para recibir el perdón de los pecados y el don del Espíritu Santo (Hechos 2:38). *"Acérquense a Dios, y Dios se acercará a ustedes. Lávense las manos, pecadores; purifiquen su corazón, porque su lealtad está dividida entre Dios y el mundo."* (Santiago 4:8 NTV)

4.   Compromiso con la verdad, incluso a costa de la persecución:

La predicación apostólica era valiente y sin buscar la aprobación de los hombres, a menudo enfrentando una oposición feroz. A pesar de las amenazas y persecuciones, los apóstoles no dejaban de predicar la verdad del Evangelio. Su lealtad a la verdad era tan fuerte que, en ocasiones, los llevó a sufrir el martirio, como fue el caso de Esteban (Hechos 7:54-60).

"Sin embargo, para que no se divulgue más entre el pueblo, amenacémosles para que no hablen de aquí en adelante a hombre alguno en este nombre. Y llamándolos, les intimaron que en ninguna manera hablasen ni enseñasen en el nombre de Jesús. Mas Pedro y Juan respondieron diciéndoles: Juzgad si es justo delante de Dios

obedecer a vosotros antes que a Dios; porque no podemos dejar de decir lo que hemos visto y oído." (Hechos 4:17-20 RV60)

5. Transformación de vidas:

Una de las marcas distintivas de la predicación apostólica era su capacidad para transformar vidas. No era un mensaje teórico, religioso o meramente filosófico, sino que tenía un impacto práctico y visible en quienes lo recibían. Vidas eran cambiadas radicalmente, comunidades enteras se volvían a Jesús, y los discípulos de Cristo se multiplicaban. *"Al oír esto, se compungieron de corazón, y dijeron a Pedro y a los otros apóstoles: Varones hermanos, ¿qué haremos? Pedro les dijo: Arrepentíos, y bautícese cada uno de vosotros en el nombre de Jesucristo para perdón de los pecados; y recibiréis el don del Espíritu Santo. Porque para vosotros es la promesa, y para vuestros hijos, y para todos los que están lejos; para cuantos el Señor nuestro Dios llamare. Y con otras muchas palabras testificaba y les exhortaba, diciendo: Sed salvos de esta perversa generación. Así que, los que recibieron su palabra fueron bautizados; y se añadieron aquel día como tres mil personas. Y perseveraban en la doctrina de los apóstoles, en la comunión unos con otros, en el partimiento del pan y en las oraciones."* (Hechos 2:37-42 RV60)

La Palabra que predicamos tiene causar arrepentimiento, confesión de pecados y un cambio radical en las vidas de quienes nos escuchan. ¡Dejemos de hacer sentir bien a la gente! ¡Basta ya de enviarlos a sus casas sin experimentar cambios!

¿POR QUÉ NUESTROS PÚLPITOS HAN PERDIDO SU PODER?

Esta pregunta nos lleva al corazón de un problema profundo en la Iglesia contemporánea. El púlpito, que históricamente ha sido un lugar de proclamación audaz de la verdad de Dios, a menudo se ha convertido en una plataforma para mensajes diluidos y complacientes.

A. La tentación de la popularidad

Uno de los mayores desafíos que enfrentamos como predicadores es la tentación de buscar la aprobación de nuestras congregaciones en lugar de la aprobación de Dios. Hemos olvidado las palabras del apóstol Pablo en Gálatas 1:10: *"Pues, ¿busco ahora el favor de los hombres, o el de Dios? ¿O trato de agradar a los hombres? Pues si todavía agradara a los hombres, no sería siervo de Cristo."* (RV60). Hay un conflicto inherente entre ser un verdadero siervo de Cristo y tratar de complacer a la audiencia humana, porque implica que la predicación fiel del Evangelio puede, y a menudo debe, desafiar y posiblemente ofender a los oyentes. Pablo nos hace un recordatorio a los predicadores de que su lealtad principal debe ser a Cristo y a Su mensaje, no a las expectativas o preferencias de su audiencia. Como proclamadores del Evangelio, debemos examinar nuestras motivaciones y a recordar que nuestro llamado es a proclamar fielmente la verdad de Dios, incluso cuando esa verdad pueda ser incómoda o impopular. Debemos recuperar la valentía en el púlpito, priorizando la integridad del mensaje sobre el deseo de ser aceptado o aplaudido.

B. El abandono de la verdad bíblica

Muchos púlpitos han perdido su poder porque han abandonado la predicación fiel de la Palabra de Dios. En lugar de exponer las Escrituras con profundidad y aplicarlas a la vida cotidiana, muchos sermones se han convertido en charlas motivacionales superficiales o en comentarios sobre eventos actuales con una ligera capa de espiritualidad. El apóstol Pablo advirtió sobre este peligro en 2ᵈᵃ Timoteo 4:3-4: *"Porque vendrá tiempo cuando no sufrirán la sana doctrina, sino que teniendo comezón de oír, se amontonarán maestros conforme a sus propias concupiscencias, y apartarán de la verdad el oído y se volverán a las fábulas."* (RV60) Esto se ha cumplido en muchos púlpitos modernos, donde la verdad bíblica ha sido reemplazada por mensajes que agradan a los oídos, pero carecen de sustancia espiritual. En contraste con esta tendencia, Pablo exhorta a Timoteo en 2ᵈᵃ Timoteo 4:2: *"Que prediques la palabra; que instes a tiempo y fuera de tiempo; redarguye, reprende, exhorta con toda paciencia y doctrina."* (RV60). Nuestra tarea principal como predicadores es proclamar fielmente la Palabra de Dios, sin importar si es conveniente o popular.

C. El miedo a ofender

En una cultura cada vez más hostil al mensaje del evangelio, muchos predicadores han optado por suavizar las verdades difíciles de la Biblia. Temas como el pecado, el juicio, el arrepentimiento y la santidad a menudo se evitan para no "ofender" a los oyentes. Sin embargo, como dijo Charles Spurgeon: "Si no ofendes a nadie, probablemente no estés predicando el evangelio." En Romanos 1:16, la Biblia nos dice: *"Porque no me avergüenzo del evangelio, porque es poder de Dios para salvación a todo aquel que cree; al judío primeramente y también al griego."* (RV60). El Evangelio es el poder de Dios para la salvación, lo que implica que su verdad debe ser proclamada sin temor. Es para todos, lo que significa que su mensaje puede ser confrontador, pero también es esencial para la salvación. Los predicadores no deben dejarse llevar por el miedo a "ofender", y deben ser fieles en la proclamación de la verdad, reconociendo que el Evangelio tiene el poder de transformar vidas.

D. La pérdida de la urgencia escatológica

La iglesia primitiva predicaba con una conciencia aguda del inminente regreso de Cristo. Esta urgencia daba poder y pasión a su mensaje. Hoy, muchos púlpitos han perdido esa sensación de urgencia, lo que resulta en una predicación carente de fervor y propósito eterno. En 2da Pedro 3:3-4 (NTV), se nos advierte: *"Sobre todo, quiero recordarles que, en los últimos días, vendrán burladores que se reirán de la verdad y seguirán sus propios deseos. Dirán: «¿Qué pasó con la promesa de que Jesús iba a volver? Desde tiempos antes de nuestros antepasados, el mundo sigue igual que al principio de la creación»."* Este pasaje es particularmente relevante porque nos advierte sobre la pérdida de la urgencia escatológica en los "últimos días", describe cómo las personas se burlarán de la promesa del regreso de Cristo; muestra cómo la demora aparente lleva a algunos a dudar o descartar la realidad del retorno de Cristo y refleja una actitud de complacencia y falta de vigilancia que puede desarrollarse con el tiempo. Aquí podemos contrastar la actitud de la iglesia primitiva, que vivía con una expectativa ardiente del regreso inminente de Cristo, con la actitud más relajada y a veces escéptica que se observa en muchas iglesias hoy en día. Es un llamado a recuperar esa urgencia y vivir con la conciencia de que Cristo podría volver en cualquier momento.

DILUYENDO EL LLAMADO A LA SANTIDAD

Recuerdo que en el tiempo en el que me convertí a Jesús y le entregué mi vida, el mensaje que era recurrente en todo tiempo era acerca de la santidad. Por eso el texto de Hebreos 12:14 *"Seguid la paz con todos, y la santidad, sin la cual nadie verá al Señor"* (RV60), todavía resuena en mis oídos. Y es que el autor de Hebreos nos presenta una verdad profunda y transformadora cuando habla de la santificación *"sin la cual nadie verá al Señor"*. Esta declaración va más allá de nuestras concepciones comunes sobre el cielo y la vida eterna.

El autor no está hablando de recompensas celestiales o de asegurar nuestra entrada al cielo. Su enfoque va mucho más allá de estas preocupaciones, por importantes que puedan parecer. En cambio, el texto nos habla de algo mucho más profundo y trascendental: **ver al Señor**. Esta frase no se refiere simplemente a una visión física o a una experiencia momentánea. Implica una intimidad profunda, un conocimiento personal y una comunión directa con Dios mismo.

Esta perspectiva nos desafía a reconsiderar nuestras motivaciones para la santidad. No buscamos la santificación simplemente para asegurar nuestra entrada al cielo o para obtener recompensas. La buscamos porque es el camino hacia una relación más profunda y personal con Jesucristo. Esta distinción es crucial, porque fuimos creados para contemplarlo a Él, para encontrar nuestra realización suprema en la visión de Su gloria. Esta verdad resuena a lo largo de las Escrituras:

Jesús proclama: *"Bienaventurados los de limpio corazón, porque ellos verán a Dios"* (Mateo 5:8 RV60).

Juan nos asegura: *"Cuando él se manifieste, seremos semejantes a él, porque lo veremos tal como él es"* (1ra Juan 3:2 RV60).

La santidad no es una opción, sino una necesidad para aquellos que desean ver a Dios.

Una de las doctrinas básicas del cristianismo es la Doctrina de la Santificación, que consideramos que es la renovación constante de nuestra naturaleza caída, por el Espíritu Santo, recibido mediante la fe en Jesucristo, cuya sangre expiatoria limpia de todo pecado; por ella, no sólo somos librados de la culpa de pecado, sino también lavados de su contaminación, salvados de su poder y capacitados, por gracia, para amar al Señor con todo nuestro corazón y andar en sus santos mandamientos. La santificación es el proceso por el cual somos preparados para esta comunión eterna e íntima con nuestro Señor y Salvador.

La verdadera salvación produce un cambio visible: *"Si alguno está en Cristo, nueva criatura es; las cosas viejas pasaron; he aquí todas son hechas nuevas"* (2da Corintios 5:17 RV60). Este cambio no es sólo una aspiración, sino una realidad que se manifiesta en nuestras actitudes, decisiones y acciones.

"Sed santos, porque yo soy santo" (1ra Pedro 1:16 RV60).

Este mandato bíblico no es una sugerencia, sino un imperativo divino que refleja la naturaleza misma de Dios. La santidad en las Escrituras no es simplemente evitar el mal, sino una transformación radical que nos hace partícipes de la naturaleza divina (2da Pedro 1:4).

En nuestra cultura contemporánea, hemos reducido la santidad a una moralidad básica (que solamente incluye el concepto de ser "buenas personas" según criterios sociales), perdiendo de vista el llamado a una transformación radical y a una vida completamente consagrada a Él.

Esta "domesticación" se manifiesta de varias maneras:

a) **Reducción a la moralidad externa**: Nos enfocamos en comportamientos externos en lugar de la transformación del corazón. Jesús advirtió contra esto en Mateo 23:25-27, comparando a los fariseos con *"sepulcros blanqueados"*.

b) **Conformidad cultural**: Adoptamos los valores de la sociedad en lugar de los valores del Reino. Romanos 12:2 (RV60) nos advierte: *"No os conforméis a este siglo, sino transformaos por medio de la renovación de vuestro entendimiento"*.

c) **Santidad selectiva**: Elegimos áreas de obediencia que nos resultan cómodas, ignorando aquellas que desafían nuestro estilo de vida. Santiago 2:10 nos recuerda que *"cualquiera que guardare toda la ley, pero ofendiere en un punto, se hace culpable de todos"*. (RV60).

d) **Gracia sin transformación**: Usamos la gracia como excusa para no buscar la santidad. Pablo aborda esto en Romanos 6:1-2: *"¿Qué, pues, diremos? ¿Perseveraremos en el pecado para*

que la gracia abunde? En ninguna manera".
(RV60).

e) **Privatización de la fe**: Limitamos nuestra santidad a la esfera privada, sin permitir que impacte nuestra vida pública, trabajo o relaciones. Jesús nos llama a ser *"sal y luz"* en Mateo 5:13-16.

La dilución del llamado a la santidad tiene consecuencias profundas:

1. **Pérdida de testimonio**: Los cristianos deben distinguirse del mundo en valores y estilo de vida. Sin embargo, el comportamiento de algunas personas que asisten a congregaciones cristianas no es muy diferente, en ocasiones, del de personas ateas; cuando el testimonio cristiano debe ser siempre contracorriente. Jesús dijo en Juan 13:35: *"En esto conocerán todos que sois mis discípulos, si tuviereis amor los unos con los otros".* (RV60).

2. **Falta de poder espiritual**: Sin una vida consagrada, perdemos el poder del Espíritu Santo en nuestras vidas. En la Iglesia primitiva el poder del Espíritu se manifestaba diariamente en la interacción de los cristianos con los no creyentes, y esto no ocurre hoy en la vida diaria de la Iglesia. Hechos 5:14-16 nos dice: *"Y los que creían en el Señor aumentaban más, gran número así de hombres como de mujeres; tanto que*

sacaban los enfermos a las calles, y los ponían en camas y lechos, para que al pasar Pedro, a lo menos su sombra cayese sobre alguno de ellos. Y aun de las ciudades vecinas muchos venían a Jerusalén, trayendo enfermos y atormentados de espíritus inmundos; y todos eran sanados." (RV60).

3. **Cristianismo nominal**: Producimos creyentes que conocen al Señor de nombre, pero no en poder y transformación. Conocen <u>de</u> Dios, pero no <u>a</u> Dios; pertenecen a una institución religiosa, pero no sienten sentido de pertenencia al Cuerpo de Cristo. En 2da Timoteo 3:5 se nos advierte sobre aquellos que tienen *"apariencia de piedad, pero niegan la eficacia de ella"*.

4. **Vulnerabilidad al pecado**: Sin un compromiso radical con la santidad, somos más susceptibles a caer en pecado. La vida espiritual es contaminada y adoptamos lo "bueno" del mundo como "aceptable" para Dios, la tolerancia al pecado y la rebeldía se vuelve común. En 1ra Pedro 5:8, el Señor nos advierte: *"Sed sobrios, y velad; porque vuestro adversario el diablo, como león rugiente, anda alrededor buscando a quien devorar".* (RV60).

5. **Pérdida de intimidad con Dios**: La santidad no es simplemente un conjunto de reglas, o una lista de comportamientos a evitar; sino que es esencial

para nuestra comunión con Él. Es un estado del corazón y una forma de vida que nos acerca a Dios. Cuando permitimos que el pecado y la mundanalidad contaminen nuestras vidas, creamos una barrera entre nosotros y el Señor. Hebreos 12:14 nos dice: *"Seguid la paz con todos, y la santidad, sin la cual nadie verá al Señor"*. (RV60).

El Llamado a Recuperar la Santidad Radical

Para recuperar el llamado bíblico a la santidad, debemos:

- Reconocer que la santidad es un proceso continuo de transformación (2da Corintios 3:18).
- Buscar la llenura del Espíritu Santo para vivir en santidad (Gálatas 5:16).
- Cultivar disciplinas espirituales que nos ayuden a crecer en santidad (1ra Timoteo 4:7-8).
- Vivir en comunidad con otros creyentes que nos animen a la santidad (Hebreos 10:24-25).
- Recordar que la santidad no es opcional, sino esencial para nuestra identidad en Cristo (1ra Pedro 2:9).

La santidad no es un ideal inalcanzable, sino el corazón mismo del discipulado cristiano. Es un llamado a reflejar la naturaleza de Dios en palabra, conducta, pensamientos y decisiones, respecto a cada aspecto de nuestras vidas. Cuando recuperemos esta visión de santidad radical, nuestras vidas y nuestras iglesias experimentarán una renovación profunda y un impacto transformador en el mundo que nos rodea.

EL "EVANGELIO DE LA PROSPERIDAD"

Una de las formas más comunes en las que vemos un Evangelio diluido en la Iglesia moderna es a través del llamado "Evangelio de la prosperidad." Este enfoque enseña que la fe en Cristo traerá siempre éxito financiero, salud perfecta y bienestar material. Aunque es cierto que Dios desea lo mejor para sus hijos, este mensaje a menudo sobre enfatiza las bendiciones materiales, dejando de lado el llamado al sacrificio y al sufrimiento por la causa de Cristo.

Pablo escribe en 1ra Timoteo 6:10, *"Porque el amor al dinero es la raíz de toda clase de mal"*. (NTV). No es el dinero en sí mismo el problema, sino el amor desmedido por las riquezas que puede desplazar a Jesús del centro de nuestra vida.

Cuando el Evangelio se enfoca en el bienestar material, perdemos de vista la verdad de que seguir a Cristo a menudo implica dificultades, persecuciones y sacrificios. En lugar de prometer una vida cómoda y sin problemas, Jesús dijo en Juan 16:33, *"En el mundo tendréis aflicción; pero confiad, yo he vencido al mundo"*. (RV60). El Evangelio no nos promete una vida libre de sufrimientos, sino la presencia de Cristo en medio de las dificultades y la esperanza de la vida eterna.

A. El Llamado a Recobrar el Evangelio Auténtico

Para que el Evangelio mantenga su poder transformador, debemos recobrar su autenticidad y su radicalidad. En lugar de buscar un mensaje que sea fácil de aceptar, debemos predicar el Evangelio completo, incluyendo tanto el amor incondicional de Dios como el llamado al arrepentimiento y la santidad. Marcos 1:15 nos recuerda las palabras de Jesús al inicio de su ministerio: *"El tiempo se ha cumplido, y el reino de Dios se ha acercado; arrepentíos, y creed en el evangelio".* (RV60). El arrepentimiento, es decir, el cambio radical de mente y dirección es esencial para una vida transformada por Cristo.

La Iglesia del primer siglo no diluía el mensaje del Evangelio, y por eso fue tan eficaz en transformar vidas y comunidades enteras. Como citamos anteriormente el texto de Hechos 17:6, aquellos primeros cristianos eran conocidos como "los que trastornaban el mundo entero." Ellos no se conformaron con la cultura de su tiempo, sino que, a través del poder del Evangelio, la desafiaron y la transformaron. Sin embargo, hoy somos trastornados por el mundo. El Evangelio auténtico es una fuerza imparable que no sólo cambia vidas individuales, sino también sociedades y naciones.

B. El Evangelio que Cambia el Corazón

Al final, un Evangelio diluido nunca podrá satisfacer los anhelos más profundos del corazón humano. Las personas no buscan entretenimiento ni un mensaje que les diga lo que quieren oír. Lo que más necesitan es una esperanza real, una transformación verdadera y un encuentro con el Dios vivo. Ezequiel 36:26 promete: *"Os daré corazón nuevo, y pondré espíritu nuevo dentro de vosotros".* (RV60). Esto es lo que el Evangelio verdadero ofrece: no sólo la mejora superficial de nuestras vidas, sino un corazón nuevo, y una vida nueva en Cristo.

La Iglesia moderna enfrenta la tentación de diluir el Evangelio para hacer que el mensaje sea más atractivo o aceptable. Sin embargo, debemos resistir esa tentación y proclamar fielmente el Evangelio en su totalidad, sabiendo que Su poder para transformar vidas y comunidades sigue siendo tan fuerte hoy como lo fue en el primer siglo.

MOMENTOS DE REFLEXIÓN

❑ ¿En qué aspectos de tu vida has diluido el mensaje radical de Cristo para hacerlo más cómodo o conveniente?

❑ ¿Cómo se compara tu compromiso con Jesús con el de los primeros cristianos? ¿Qué áreas necesitan fortalecimiento?

❑ ¿De qué manera tu vida refleja el poder transformador del Evangelio? ¿Pueden otros ver una diferencia clara en tu forma de vivir?

❑ ¿Estás buscando principalmente comodidad en tu fe o estás dispuesto a abrazar el costo del verdadero discipulado?

❑ ¿Cómo puedes cultivar una santidad más radical en tu vida diaria?

❑ ¿Sientes la misma urgencia que los primeros cristianos por compartir el Evangelio? Si no,

¿qué te está deteniendo?

❑ ¿Estás viviendo con la esperanza activa de la segunda venida de Cristo? ¿Cómo afecta esta esperanza tus decisiones y prioridades?

❑ ¿Cómo puedes pasar de ser un simple "asistente a la Iglesia" a un discípulo comprometido que vive plenamente para Jesús?

3

LA EXPERIENCIA OLVIDADA

En los primeros días del cristianismo, la fe no era simplemente una lista de doctrinas ni un conjunto de rituales. Los primeros cristianos vivían de continuo una experiencia transformadora con Dios.

Antes de que se escribiera el Nuevo Testamento, la fe se transmitía de manera oral, a través de los dichos de Jesús, Sus milagros, y Sus enseñanzas. Lo más importante es que estos hombres y mujeres no compartían sólo palabras; compartían experiencias. Habían tenido un encuentro real con Jesús, y ese encuentro cambió por completo sus vidas. Conocieron a Jesús, tanto en Su humanidad como en Su divinidad, y esa experiencia con Él marcaba todo lo que hacían.

Hoy en día, nos enfrentamos a un gran desafío: nuestra fe, en muchos casos, parece haberse vuelto más superficial, y la profundidad de la experiencia espiritual que caracterizaba a los primeros cristianos parece haber sido olvidada.

Ahora bien,

❑ ¿Qué significa realmente "conocer" a Dios?

❑ ¿Por qué nuestras experiencias espirituales de hoy parecen tan superficiales?

❑ ¿Cómo podemos recuperar el fuego del Espíritu Santo?

CONOCER A DIOS

"Conocer" a Dios es el centro de la vida cristiana, pero ¿qué significa realmente conocerle a Él? Para muchos, esta frase puede sonar abstracta o teórica, pero para los primeros cristianos, "conocer" a Dios no era un concepto distante, sino una realidad íntima y transformadora. No se trataba solamente de tener información sobre Dios o conocer hechos teológicos, sino de una relación viva y vibrante que impactaba todas las áreas de su vida. Esta relación profunda con el Señor era su fortaleza, su consuelo, y la fuente de su poder. Ellos no tenían todas las Escrituras del Nuevo Testamento que tenemos hoy, pero lo que sí tenían era una experiencia personal e íntima con Jesús. En las cartas de Pablo, vemos cómo él describe su deseo de *"conocerlo a Él y el poder de su resurrección"* (Filipenses 3:10). Este conocimiento no es meramente intelectual, sino relacional. Es un conocimiento que proviene de la oración, de la comunión con el Señor, y de una vida obediente a Su Palabra, entregada a seguirlo.

Para los primeros cristianos, "conocer" a Dios era estar en Su presencia, experimentar Su poder y caminar en comunión con el Espíritu Santo. Su vida diaria estaba marcada por la oración ferviente y una dependencia total en el Señor. No es de extrañar que Lucas, en el libro de Hechos, hable de cómo *"perseveraban unánimes en la oración"* (Hechos 1:14). Ellos sabían que, para "conocerle" verdaderamente, debían estar en constante comunicación con Él.

A. Conocer a Dios: Más que un Conocimiento Intelectual

Cuando hablamos de "conocer" a Dios, es fácil pensar en términos de conocimiento intelectual: aprender doctrinas, estudiar la Biblia, y saber lo que dicen los libros de Teología. Todo esto es importante, pero no es suficiente. Como Jesús dijo a los fariseos: *"Escudriñad las Escrituras; porque a vosotros os parece que en ellas tenéis la vida eterna; y ellas son las que dan testimonio de mí. Y no queréis venir a mí para que tengáis vida"* (Juan 5:39-40 RV60). Jesús nos enseña que "conocer" a Dios no es simplemente una cuestión de información, sino de transformación.

El tipo de conocimiento que el Señor desea es íntimo, como el de un padre con sus hijos, o el de un amigo cercano. En el Antiguo Testamento, cuando se habla de "conocer" a alguien, muchas veces se refiere a una relación íntima y profunda. Oseas 6:6 dice: *"Porque misericordia quiero, y no sacrificio, y conocimiento de Dios más que holocaustos"*. (RV60). Este tipo de conocimiento involucra una relación en la que llegamos a entender Su corazón y permitirle que transforme el nuestro.

B. Conocer a Dios a través de la Oración

Uno de los aspectos fundamentales de "conocer" al Señor es a través de la oración. No hay mejor manera de construir una relación con alguien que pasando tiempo con esa persona, y lo mismo sucede con Dios. Jesús, durante su vida en la tierra, nos dio el ejemplo de cómo debe ser esta relación. A menudo lo encontramos apartándose a lugares solitarios para orar (Lucas 5:16). Él buscaba esa intimidad con el Padre, demostrando que el conocimiento de Dios no es sólo algo que ocurre de manera automática, sino algo que se cultiva con dedicación y tiempo.

La oración no es solamente una lista de peticiones o un monólogo; es una conversación, un encuentro con el Creador del Universo. En la oración, nuestros corazones se alinean con el Suyo. Mientras oramos, comenzamos a ver el mundo, a nosotros mismos, y a los demás a través de Sus ojos. Nos volvemos más sensibles a Su voluntad y somos transformados desde el interior.

En Efesios 1:17-18 (NTV), Pablo nos dice que oraba por los creyentes de la siguiente manera: *"No he dejado de dar gracias a Dios por ustedes. Los recuerdo constantemente en mis oraciones y le pido a Dios, el glorioso Padre de nuestro Señor Jesucristo, que les dé sabiduría espiritual y percepción, para que crezcan en el conocimiento de Dios. Pido que les inunde de luz el corazón, para que puedan entender la esperanza segura que él ha dado a los que llamó— es decir, su pueblo santo—, quienes son su rica y gloriosa herencia."* Este pasaje nos recuerda que "conocer" al Señor es una obra del Espíritu Santo. Es a través de Su guía que llegamos a profundizar nuestra relación con Él y ver Su verdad de una manera más clara.

C. Conocer a Dios a Través de la Obediencia

Jesús dijo en Juan 14:21: *"El que tiene mis mandamientos, y los guarda, ese es el que me ama; y el que me ama, será amado por mi Padre, y yo le amaré y me manifestaré a él".* (RV60). La obediencia es una parte esencial de "conocer" a Dios. No es sólo una cuestión de hacer lo que el Señor dice por obligación, sino de confiar en que Sus mandamientos nos conducen a una vida plena en comunión con Él.

Cuando le obedecemos, experimentamos más de Su presencia y de Su amor. No olvidemos que la obediencia abre la puerta a una mayor revelación de quién es Él. En la vida cristiana, el conocimiento de Dios no está divorciado de nuestras acciones. Mientras más le obedecemos, más le conocemos y más se revela Él a nosotros. Como dice Santiago 1:22 RV60: *"Pero sed hacedores de la palabra, y no tan solamente oidores, engañándoos a vosotros mismos"*. "Conocerle" implica vivir Su verdad y experimentar Su poder transformador en nuestras vidas.

D. Conocer a Dios a Través del Espíritu Santo

El Espíritu Santo es quien nos guía a un conocimiento más profundo de Dios. Jesús prometió que enviaría al Espíritu para *"guiarnos a toda verdad"* (Juan 16:13), y es a través de la obra del Espíritu que conocemos verdaderamente al Señor. El Espíritu nos ayuda a comprender las Escrituras, a discernir Su voluntad, y a experimentar Su amor.

Romanos 8:16 nos recuerda que *"El Espíritu mismo da testimonio a nuestro espíritu, de que somos hijos de Dios"*. (RV60). Esta obra del Espíritu de Dios es esencial para el cristiano, ya que nos da la seguridad de nuestra relación con Jesús. "Conocerle" implica vivir en el poder y la guía del Espíritu Santo, permitiendo que Él transforme nuestra mente y corazón.

E. El Resultado de Conocer a Dios: Una Vida Transformada

Este conocimiento no es pasivo; siempre produce una transformación. 2da Corintios 3:18 (RV60) dice que *"somos transformados de gloria en gloria en la misma imagen, como por el Espíritu del Señor"*. "Conocer" a Dios nos cambia, nos lleva a vivir una vida más santa, más amorosa, y más llena de propósito. Ahora quiero que prestes atención a esto, porque es imposible tener una relación cercana con Él y seguir siendo los mismos. Mientras más lo "conocemos", más nos parecemos a Cristo, y más nos alejamos de los valores de este mundo.

Los primeros cristianos vivieron con esta realidad. Ellos no solamente sabían acerca de Dios, sino que lo experimentaban cada día en sus vidas, y eso impactaba todo lo que hacían. Es por eso por lo que trastornaron al mundo (Hechos 17:6), no por su conocimiento intelectual, sino por la experiencia transformadora que tenían con el Señor. El llamado para nosotros hoy es profundizar en esa relación, buscarle con todo nuestro corazón, y experimentar la transformación que sólo Él puede traer.

EXPERIENCIAS SUPERFICIALES

Uno de los grandes desafíos que enfrentamos hoy en nuestras iglesias es que muchas de nuestras experiencias espirituales parecen ser carentes de la profundidad y el poder transformador que caracterizaba a la fe de los primeros cristianos. Este fenómeno se ha vuelto especialmente evidente en un mundo donde el entretenimiento instantáneo y las respuestas rápidas están a la orden del día. La pregunta que surge es: ¿por qué nuestras experiencias espirituales a menudo se sienten tan superficiales? ¿Cómo hemos llegado a este punto en el que asistimos a la Iglesia, leemos la Biblia, oramos, pero no experimentamos ese encuentro profundo y transformador con Dios que tanto anhelamos?

Es que, tristemente, se está predicando un mensaje diferente al que el Señor quiere que demos. Tratamos de endulzar los oídos de los congregantes, en lugar de confrontarlos con la Palabra. Como señalamos en capítulos anteriores, estamos suavizando y domesticando el mensaje del Evangelio. Ahora bien, ¿esa superficialidad no tendrá algo que ver con el mensaje que llevamos los pastores y líderes?

Hace unos días leía el pasaje del libro de Ezequiel capítulo 13, los versículos del 7 al 16, en la Versión The Message, y me impresionó cómo el profeta Ezequiel habla acerca de esta superficialidad:

"¿No han fantaseado ustedes con tonterías? ¿No son sus sermones un tejido de mentiras, diciendo: "Dios dice…" cuando yo no he hecho nada parecido? Por eso —y este es el Mensaje de Dios, el Maestro, recuerden— estoy totalmente en contra de los profetas que sustituyen ilusiones por visiones y usan sermones para decir mentiras.

Voy a expulsarlos del consejo de mi pueblo, los voy a quitar de la membresía de Israel y los voy a proscribir de la tierra de Israel. Entonces sabrán que yo soy Dios, el Maestro.

El hecho es que han mentido a mi pueblo. Han dicho: "No hay problema; todo está bien", cuando las cosas no están bien en absoluto. Cuando la gente construye un muro, ellos están justo detrás de ellos colocando cal.» Y eso es exactamente lo que sucederá. Yo, Dios, el Señor, digo: "Desataré el huracán de mi ira, un torrente de granizo, y haré que esa pared que ustedes han cubierto con cal se derrumbe. La nivelaré hasta el suelo, de modo que evangelio queden las piedras de los cimientos. Y todos ustedes morirán en la ruina. Entonces sabrán que yo soy Dios.

"Derramaré mi ira sobre esa pared, sobre toda ella, y sobre los que la cubrieron con cal. Yo les diré: No hay muro, y los que hicieron un buen trabajo en blanquearlo perdieron su tiempo, esos profetas de Israel que predicaron en Jerusalén y anunciaron todas sus visiones diciéndonos que las cosas estaban bien cuando no estaban bien en absoluto. Decreto de Dios, el Maestro."

Ezequiel usa una poderosa metáfora que resuena aún hoy: compara esta fe superficial con una pared endeble recubierta de cal. Desde fuera, puede parecer sólida y atractiva; pero cuando llega la tormenta, la verdad se revela. La cal se desvanece, exponiendo la debilidad estructural latente. ¿Cuántos de nosotros hemos experimentado esto en nuestra vida espiritual? Nos aferramos a promesas simplistas y enseñanzas que nos hacen sentir bien, sólo para descubrir que se desmoronan ante las verdaderas pruebas de la vida.

Como predicadores y creyentes, enfrentamos un desafío constante: ¿Estamos dispuestos a profundizar en las verdades difíciles del Evangelio, o nos contentamos con ofrecer una versión diluida que simplemente hace que la gente se sienta bien? La verdadera fe, la fe que Jesús enseñó y vivió, no es superficial ni cómoda. Es profunda, desafiante y transformadora. Nos llama a morir a nosotros mismos, a tomar nuestra cruz diariamente, y a seguir a Cristo sin importar el costo. Es hora de que examinemos nuestra fe. ¿Estamos construyendo sobre la roca sólida de la verdad de Cristo, o estamos simplemente aplicando una capa de cal sobre una estructura débil?

A. Síntomas de la Superficialidad Espiritual

a) **Emocionalismo sin Transformación**: Muchas de nuestras experiencias "espirituales" se limitan a momentos emocionales durante la adoración o eventos especiales, sin producir un cambio duradero en nuestras vidas.

"No todo el que me dice: Señor, Señor, entrará en el reino de los cielos, sino el que hace la voluntad de mi Padre que está en los cielos. Muchos me dirán en aquel día: Señor, Señor, ¿no profetizamos en tu nombre, y en tu nombre echamos fuera demonios, y en tu nombre hicimos muchos milagros? Y entonces les declararé: Nunca os conocí; apartaos de mí, hacedores de maldad."

Mateo 7:21-23 RV60

"Porque habrá hombres amadores de sí mismos, avaros, vanagloriosos, soberbios, blasfemos, desobedientes a los padres,

ingratos, impíos, sin afecto natural, implacables, calumniadores, intemperantes, crueles, aborrecedores de lo bueno, traidores, impetuosos, infatuados, amadores de los deleites más que de Dios, que tendrán apariencia de piedad, pero negarán la eficacia de ella; a estos evita."

2da Timoteo 3:2-5 RV60

b) **Conocimiento sin Aplicación**: Acumulamos información bíblica y teológica, pero a menudo fallamos en aplicar ese conocimiento de manera práctica en nuestro diario vivir.

"Pero sed hacedores de la palabra, y no tan solamente oidores, engañándoos a vosotros mismos."

Santiago 1:22 RV60

"¿Por qué me llamáis, Señor, Señor, y no hacéis lo que yo digo?"

Lucas 6:46 RV60

c) **Rituales sin Relación**: Participamos en prácticas religiosas sin desarrollar una relación personal y profunda con el Señor. Podemos asistir a servicios, orar, cantar, e incluso servir en la Iglesia, todo sin experimentar una transformación interna o una relación íntima con Dios.

"Id, pues, y aprended lo que significa: Misericordia quiero, y no

sacrificio. Porque no he venido a llamar a justos, sino a pecadores, al arrepentimiento."

Mateo 9:13 RV60

"Aborrecí, abominé vuestras solemnidades, y no me complaceré en vuestras asambleas. Y si me ofreciereis vuestros holocaustos y vuestras ofrendas, no los recibiré, ni miraré a las ofrendas de paz de vuestros animales engordados. Quita de mí la multitud de tus cantares, pues no escucharé las salmodias de tus instrumentos."

Amós 5:21-23 RV60

d) **Activismo sin Intimidad**: Nos involucramos en múltiples actividades de la Iglesia, pero descuidamos el cultivar una intimidad genuina con el Espíritu Santo.

"Respondiendo Jesús, le dijo: Marta, Marta, afanada y turbada estás con muchas cosas. Pero solo una cosa es necesaria; y María ha escogido la buena parte, la cual no le será quitada."

Lucas 10:41-42 RV60

"Yo conozco tus obras, y tu arduo trabajo y paciencia; y que no puedes soportar a los malos, y has probado a los que se dicen ser apóstoles, y no lo son, y los has hallado mentirosos; y has sufrido, y has tenido

paciencia, y has trabajado arduamente por amor de mi nombre, y no has desmayado. Pero tengo contra ti, que has dejado tu primer amor."

Apocalipsis 2:2-4 RV60

e) **Conformidad Externa sin Cambio Interno**: Nos esforzamos por "parecer" cristianos en lugar de permitir que el Espíritu Santo transforme nuestro carácter desde adentro.

"¡Ay de vosotros, escribas y fariseos, hipócritas! porque sois semejantes a sepulcros blanqueados, que por fuera, a la verdad, se muestran hermosos, mas por dentro están llenos de huesos de muertos y de toda inmundicia. Así también vosotros por fuera, a la verdad, os mostráis justos a los hombres, pero por dentro estáis llenos de hipocresía e iniquidad."

Mateo 23:27-28 RV60

"Y Jehová respondió a Samuel: No mires a su parecer, ni a lo grande de su estatura, porque yo lo desecho; porque Jehová no mira lo que mira el hombre; pues el hombre mira lo que está delante de sus ojos, pero Jehová mira el corazón."

1er Samuel 16:7 RV60

B. Razones de la Superficialidad

a) **Cultura de la Inmediatez**: Vivimos en un tiempo donde todo se mide en términos de velocidad y eficiencia. Queremos respuestas rápidas y soluciones instantáneas, lo que ha influido en nuestra relación con Dios. No estamos acostumbrados a esperar, y eso nos afecta en nuestra fe. Sin embargo, **los tiempos de Dios no son los nuestros**. La Escritura nos enseña que el Señor obra de acuerdo con su plan perfecto y soberano, y que nuestra impaciencia a menudo nos desvía de lo que Él quiere hacer en nosotros. *"Sin embargo, queridos amigos, hay algo que no deben olvidar: para el Señor, un día es como mil años y mil años son como un día. En realidad, no es que el Señor sea lento para cumplir su promesa, como algunos piensan. Al contrario, es paciente por amor a ustedes. No quiere que nadie sea destruido; quiere que todos se arrepientan."*

2da Pedro 3:8-9 NTV

b) **Distracciones Tecnológicas**: Las distracciones hoy en día son constantes. Estamos sobrecargados de información, siempre conectados, y esto dificulta que experimentemos momentos de verdadera quietud y comunión con Dios. Es en la tranquilidad donde podemos escuchar la voz del Espíritu Santo y profundizar en nuestra relación con el Señor. *"Bueno es* *el Señor con quienes esperan en él, con todos los que lo buscan. Bueno es esperar calladamente la salvación del Señor."*

Lamentaciones 3:25-26 NVI

c) **Individualismo**: Nuestra sociedad valora mucho el individualismo, y eso ha afectado a nuestras iglesias porque se ha perdido el sentido de pertenencia a la comunidad de cristianos. La vida cristiana no fue diseñada para vivirse en solitario; el compañerismo, la rendición de cuentas y el apoyo mutuo son esenciales; sin embargo, el exceso de cuidado por la "vida privada" ha provocado que personas decidan alejarse de sus hermanos y luego, poco a poco, se alejan de Dios, teniendo una conciencia anestesiada que les aporta una falsa seguridad de salvación. *"Y considerémonos unos a otros para estimularnos al amor y a las buenas obras; no dejando de congregarnos, como algunos tienen por costumbre, sino exhortándonos; y tanto más, cuanto veis que aquel día se acerca."* Hebreos 10:24-25 RV60

d) **Teología de la Prosperidad**: Algunas enseñanzas modernas han reemplazado el llamado al discipulado sacrificial por promesas de éxito y comodidad, convirtiéndose esto en el foco de muchos mensajes modernos, diluyendo el verdadero Evangelio de Jesucristo. La falsa doctrina de la prosperidad, común en algunos púlpitos hoy, enseña que la fe en Dios garantiza bienestar material, salud y éxito en esta vida. Promueve la idea de que las bendiciones de Dios se miden en términos de riqueza y comodidades, tergiversando las Escrituras al poner un énfasis excesivo en el "dar <u>para</u> recibir" y en las promesas de abundancia terrenal, cuando la Biblia dice claramente que *"más bienaventurado es dar que recibir"* (Hechos 20:25). Promueve la idea de que si un creyente "siembra" financieramente tiene una buena relación con Dios y le garantiza estas recompensas. *"Antes creía que esas cosas eran valiosas, pero ahora considero que no tienen ningún valor debido a lo que Cristo ha hecho. Así es, todo lo demás no vale nada cuando se le compara con el infinito valor de conocer a Cristo Jesús, mi Señor. Por amor a él, he desechado todo lo demás y lo considero basura a fin de ganar a Cristo y llegar a ser uno con él."* Filipenses 3:7-9 (a) NTV

e) **Falta de Disciplina Espiritual**: Hemos descuidado prácticas como el ayuno, el reflexionar en nuestra obediencia personal a lo que Dios dice a través de Su Palabra, y la oración intencional, que eran parte esencial en la vida diaria de los primeros cristianos. Cuando estas disciplinas espirituales se descuidan, el resultado es una fe superficial y débil que da lugar a una vida cristiana cómoda. Esta comodidad genera una rutina sin profundidad en la relación con

Dios, en lugar de una búsqueda ferviente. En Mateo 6:16-18, Jesús NO dice "si ayunas", sino "cuando ayunes", lo que sugiere que el ayuno era una expectativa, no una opción. *"Oren en el Espíritu en todo momento y en toda ocasión. Manténganse alerta y sean persistentes en sus oraciones por todos los creyentes en todas partes."* Efesios 6:18 NTV

C. El Contraste con la Iglesia Primitiva

Una de las grandes diferencias entre la experiencia de los primeros cristianos y la nuestra es la intensidad con la que vivían su fe. Ellos estaban dispuestos a entregar todo, incluso sus vidas, por el Evangelio. Su fe no era un aspecto más de su día a día, sino el centro de todo lo que hacían y esto se evidenciaba a través de:

1. **Encuentros Poderosos con el Espíritu Santo**: Como en Hechos 2, donde el Espíritu descendió con poder visible.
2. **Comunidad Auténtica**: Compartían sus vidas y recursos de manera radical (Hechos 2:44-47).
3. **Testimonio Valiente**: Proclamaban el Evangelio incluso frente a la persecución (Hechos 4:18-20).
4. **Milagros y Señales**: Experimentaban regularmente la intervención sobrenatural de Dios (Hechos 5:12-16).
5. **Transformación de Carácter**: Vivían vidas notablemente diferentes a la cultura circundante (1ra Pedro 4:3-4).

En contraste, muchas veces nuestras experiencias espirituales de hoy parecen estar marcadas por la comodidad y la falta de profundidad. Nos hemos acostumbrado a un cristianismo "light," donde la oración se convierte en un hábito ocasional y la adoración es algo que hacemos los domingos, pero no necesariamente durante la semana.

Las experiencias espirituales superficiales provienen de corazones que no están completamente entregados. Hemos olvidado lo que significa esperar en Dios en oración y dejarnos guiar por Su Espíritu. En lugar de ver nuestras reuniones de adoración como un tiempo para encontrarnos con el Espíritu Santo y ser transformados por Su presencia, a menudo las abordamos como una fuente de entretenimiento o motivación emocional. Muchas iglesias han caído en la tentación de atraer a las multitudes ofreciendo una experiencia "emocionante", en lugar de invitar a la gente a una experiencia genuina con Dios.

Si bien la música, las luces y los programas dinámicos pueden ser útiles para atraer a las personas, corremos el riesgo de olvidar que el propósito final es encontrarnos con el Señor y conducir a las personas al verdadero Evangelio.

Jesús advirtió a la multitud en Juan 6:26-27, diciendo: *"Me buscáis, no porque habéis visto señales, sino porque comisteis el pan y os saciasteis. Trabajad, no por la comida que perece, sino por la comida que a vida eterna permanece".* (RV60). En otras palabras, nos exhorta a no buscar a Dios sólo por lo que puede darnos momentáneamente, sino por la transformación profunda que ofrece. Hemos cambiado la verdadera adoración por cánticos que sabemos de memoria y que sólo tocan las emociones pero que no llegan al trono de la gracia porque nuestra actitud y nuestra vida no son congruentes con lo que cantamos.

¿Recuerdas a Pablo y Silas mientras adoraban en la cárcel? El libro de los Hechos 16: 25-26 (RV60) relata: *"Pero a medianoche, orando Pablo y Silas, cantaban himnos a Dios; y los presos los oían. Entonces sobrevino de repente un gran terremoto, de tal manera que los cimientos de la cárcel se sacudían; y al instante se abrieron todas las puertas, y las cadenas de todos se soltaron."*

Era una adoración que ocasionaba eventos sobrenaturales, se removían los cimientos, había liberación y puertas abiertas. Yo no te estoy hablando de "estilos de adoración", me refiero a la adoración como estilo de vida. Los que adoran al Padre en Espíritu y en verdad (Juan 4:23-24).

RECUPERAR LA PROFUNDIDAD: EL FUEGO DEL ESPÍRITU SANTO

El fuego del Espíritu Santo fue lo que encendió a la Iglesia primitiva y lo que puede encendernos nuevamente hoy. Antes de Pentecostés, los discípulos estaban llenos de miedo y confusión. Pero todo cambió cuando el Espíritu Santo fue derramado sobre ellos. Hechos 2:3-4 describe cómo *"se les aparecieron lenguas repartidas, como de fuego, asentándose sobre cada uno de ellos. Y fueron todos llenos del Espíritu Santo, y comenzaron a hablar en otras lenguas, según el Espíritu les daba que hablasen"*. (RV60)

El día de Pentecostés, el Espíritu Santo descendió sobre los creyentes, y todo cambió. Aquellos que habían estado temerosos se volvieron valientes; aquellos que no entendían completamente el plan de Dios ahora lo proclamaban con claridad y poder. El Espíritu Santo no sólo les dio dones para el ministerio, sino que también les otorgó una pasión y una profundidad que transformaron sus vidas y las de quienes los rodeaban.

Ahora bien, ¿te has preguntado cuáles son las señales de la pérdida del Fuego del Espíritu Santo? Aunque hay muchas más, quiero compartirte algunas de ellas:

1. **Falta de Poder en el Testimonio**: El fuego del Espíritu nos mueve a compartir el Evangelio con los demás. En Hechos 4:20, Pedro y Juan, llenos del Espíritu, dijeron: *"Porque no podemos dejar de decir lo que hemos visto y oído"*. Cuando el Espíritu Santo está activo en nuestras vidas, sentimos una urgencia por compartir las buenas nuevas de Jesús con los que nos rodean. Sin embargo, cuando ese fuego se extingue, la

evangelización y la misión se desvanecen de nuestras prioridades. Nos volvemos más centrados en nosotros mismos y menos preocupados por la salvación de los demás. Ya no sentimos el mismo deseo de ser testigos de Cristo en el mundo.

2. **Ausencia de lo Sobrenatural**: En la Iglesia primitiva, el poder sobrenatural de Dios era una realidad cotidiana. Los creyentes experimentaban milagros, sanidades, liberaciones, y el Espíritu Santo se movía de maneras tangibles y transformadoras. Hechos 2:43 (RV60) dice: *"Sobrevino temor a toda persona; y muchas maravillas y señales eran hechas por los apóstoles."* Sin embargo, hoy en día, hemos racionalizado tanto nuestra fe que, en muchos contextos, apenas hablamos del poder sobrenatural de Dios, y menos aún lo experimentamos.

El Señor no ha cambiado; Él sigue siendo el mismo Dios poderoso que abrió el Mar Rojo, sanó a los enfermos y resucitó a los muertos. La Escritura nos recuerda en Hebreos 13:8: *"Jesucristo es el mismo ayer, y hoy, y por los siglos".* Si bien no debemos buscar lo sobrenatural sólo por sensacionalismo, tampoco debemos ignorar que el Señor sigue actuando de maneras que trascienden lo explicable. Cuando racionalizamos nuestra fe hasta el punto de eliminar lo sobrenatural, limitamos el espacio que le damos al Espíritu Santo para actuar, y perdemos la oportunidad de ver Su poder manifestado en nuestras vidas.

3. **Dependencia de Métodos Humanos**: En la Iglesia moderna, existe una creciente tendencia a depender más de métodos humanos que del poder de Dios. Nos enfocamos en estrategias de marketing, técnicas de crecimiento de iglesias, o en modelos empresariales para atraer a más personas, creyendo que podemos "gestionar" la Iglesia hacia el éxito. Mientras que la administración y el buen liderazgo son valiosos, nada puede reemplazar el poder transformador del Espíritu Santo. En 1ra Corintios 2:4-5, Pablo decía: *"Y ni mi palabra ni mi predicación fue con palabras persuasivas de humana sabiduría, sino con demostración del Espíritu y de poder, para que vuestra fe no esté fundada en la sabiduría de los hombres, sino en el poder de Dios." (RV60)*
En lugar de depender del Espíritu para mover los corazones y transformar las vidas, muchos líderes han comenzado a confiar en técnicas bien diseñadas para atraer multitudes. Este enfoque, si bien puede generar crecimiento numérico, corre el riesgo de crear comunidades cristianas superficiales que no han experimentado una verdadera transformación interna. El problema no está en utilizar herramientas útiles o tecnología para la misión de la Iglesia, sino en

poner nuestra confianza en estas cosas en lugar de confiar en que es el Señor quien realmente cambia los corazones.

4. **Falta de Compromiso y Servicio:** El fuego del Espíritu Santo nos impulsa a servir a los demás y a estar comprometidos con la obra de Dios en el mundo. Los primeros cristianos no sólo se dedicaban a la oración y la enseñanza de los apóstoles, sino que compartían todo lo que tenían, sirviendo a los más necesitados y construyendo una comunidad profundamente unida (Hechos 2:44-45). El servicio y el compromiso son frutos naturales de una vida encendida por el Espíritu.

Pero cuando perdemos ese fuego, el servicio a los demás comienza a sentirse como una carga. Ya no estamos motivados para ayudar a los necesitados, ni sentimos el deseo de sacrificar nuestro tiempo o recursos por el bien de la comunidad. El compromiso con la Iglesia y con la misión de Dios en el mundo se vuelve débil, y poco a poco nos alejamos de los actos de servicio, contribuyendo al enfriamiento espiritual en nuestras vidas.

5. **Falta de Pasión en la Oración y la Adoración:** Uno de los primeros signos de que hemos perdido el fuego del Espíritu es la falta de pasión en nuestra vida de oración y adoración. En la Iglesia primitiva, la oración era central. Los

primeros cristianos oraban con fervor, no sólo como una disciplina, sino como una expresión natural de su dependencia y amor por Dios. Hechos 2:42 dice que los discípulos *"perseveraban en la oración"*. Pero cuando el fuego se apaga, la oración se convierte en una rutina vacía, una obligación más que un deseo. Nos encontramos orando por compromiso, sin sentir la conexión viva que una vez experimentamos.

Lo mismo sucede con la adoración. Cuando el fuego está encendido, la adoración es vibrante y genuina, un encuentro personal con el Dios vivo. Pero cuando se pierde ese fuego, la adoración se convierte en un mero ritual, un conjunto de canciones y palabras vacías. Ya no experimentamos la presencia del Señor con intensidad, y nuestro corazón ya no se siente conmovido por Su grandeza.

Nuestra Necesidad del Fuego del Espíritu Hoy

Hay una promesa en el Antiguo Testamento sobre el derramamiento del Espíritu Santo:

"Y después de esto derramaré mi Espíritu sobre toda carne, y profetizarán vuestros hijos y vuestras hijas; vuestros ancianos soñarán sueños, y vuestros jóvenes verán visiones. Y también sobre los siervos y sobre las siervas derramaré mi Espíritu en aquellos días. " (Joel 2:28-29 RV60)

Debemos vivir con la expectativa de que el Señor hará cosas extraordinarias en y a través de nosotros, tales como:

a) **Renovación Espiritual**: En un mundo cada vez más secularizado, necesitamos desesperadamente una renovación espiritual que sólo el Espíritu Santo puede traer.

b) **Empoderamiento para el Testimonio**: Al igual que los primeros discípulos, necesitamos el poder del Espíritu para ser testigos efectivos de Cristo en nuestra generación.

c) **Unidad en la Diversidad**: El derramamiento del Espíritu sobre "toda carne" nos recuerda que Dios desea unir a Su pueblo más allá de las barreras de edad, género o estatus social.

d) **Visión y Dirección**: Los "sueños" y "visiones" mencionados en Joel hablan de una guía divina clara, algo que nuestra Iglesia necesita urgentemente en estos tiempos confusos.

Esta promesa, cumplida inicialmente en Pentecostés (Hechos 2), sigue siendo relevante y crucial para la Iglesia de hoy. La profecía habla de un derramamiento sobre "hijos e hijas", "ancianos y jóvenes", recordándonos que cada creyente tiene un papel vital en la misión de Dios (*Missio Dei* - en latín). En el contexto teológico, **Missio Dei** señala que todo lo que Dios hace en el mundo tiene un propósito misional, y la iglesia es invitada a unirse a esa obra, en lugar de considerarla como una iniciativa humana. La misión de Dios incluye evangelización, justicia social, cuidado de la creación y cualquier otra actividad que refleje el carácter redentor de Dios.

Hoy en día, muchas iglesias y cristianos experimentan una falta de poder espiritual, una sensación de que, aunque estamos ocupados con actividades en la Iglesia, algo nos falta. Esta carencia proviene, en gran parte, de no vivir plenamente en el poder del Espíritu Santo. Cuando dependemos solamente de nuestros propios recursos—nuestras habilidades, programas, estrategias— perdemos el fuego que impulsa una vida espiritual profunda y vibrante.

En los momentos finales de su ministerio terrenal, Jesús dio una instrucción sorprendente a sus discípulos. Estos hombres, que habían caminado con él durante tres años y medio, que habían sido testigos de Sus milagros y habían absorbido Sus enseñanzas, recibieron una orden inesperada: esperar. *"He aquí, yo enviaré la promesa de mi Padre sobre vosotros; pero quedaos vosotros en la ciudad de Jerusalén, hasta que seáis investidos de poder desde lo alto."* (Lucas 24:49 RV60).

Quiero que pienses en esto, porque estos discípulos eran, sin duda, los hombres más experimentados y conocedores de las enseñanzas de Cristo que jamás habían existido. En nuestro contexto moderno, serían considerados eminencias, merecedores de los más altos honores académicos y eclesiásticos. Sin embargo, Jesús les dijo que no estaban listos.

¿Qué les faltaba? La promesa del Padre: el derramamiento del Espíritu.

El Espíritu Santo es el que nos lleva más allá de las experiencias superficiales y nos introduce en una relación transformadora con Dios. Como dijo Jesús en Hechos 1:8, *"recibiréis poder cuando haya venido sobre vosotros el Espíritu Santo, y me seréis testigos"*. (RV60). Este poder no sólo se refiere a hacer milagros o predicar, sino también al poder para vivir una vida cristiana genuina, marcada por el fruto del Espíritu: amor, gozo, paz, paciencia, benignidad, bondad, fe, mansedumbre y templanza (Gálatas 5:22-23). Sin el Espíritu, nuestra vida cristiana se convierte en una rutina vacía; pero con Él, todo cobra vida.

Esta verdad debería sacudirnos hasta la médula. Si estos hombres, con su experiencia directa con Jesús, necesitaban el poder del Espíritu Santo, ¿cuánto más lo necesitamos nosotros hoy? Jesús entendía que el conocimiento, la experiencia e incluso la intimidad personal con Él no eran suficientes. Para transformar el mundo, Sus seguidores necesitarían el poder sobrenatural del Espíritu Santo.

Esto nos lleva a preguntarnos:
- ¿Hemos olvidado esta verdad fundamental en nuestras iglesias hoy?
- ¿Hemos reemplazado la dependencia del Espíritu Santo con programas, estrategias y educación teológica?

En Hechos 19:1-7 encontramos una historia tremenda:

"Aconteció que entre tanto que Apolos estaba en Corinto, Pablo, después de recorrer las regiones superiores, vino a Éfeso, y hallando a ciertos discípulos, les dijo: ¿Recibisteis el Espíritu Santo cuando creísteis? Y ellos le dijeron: Ni siquiera hemos oído si hay Espíritu Santo. Entonces dijo: ¿En qué, pues, fuisteis bautizados? Ellos dijeron: En el bautismo de Juan. Dijo Pablo: Juan bautizó con bautismo de arrepentimiento, diciendo al pueblo que creyesen en aquel que vendría después de él, esto es, en Jesús el Cristo. Cuando oyeron esto, fueron bautizados en el nombre del Señor Jesús. Y habiéndoles impuesto Pablo las manos, vino sobre ellos el Espíritu Santo; y hablaban en lenguas, y profetizaban. Eran por todos unos doce hombres." (RV60)

Pablo vio algo en estos hombres, sabe que están siguiendo a alguien, que tienen una religión, pero no una relación; así que comienza una conversación intencional con aquellos discípulos. La pregunta de Pablo a ellos: *"¿Recibieron ustedes el Espíritu Santo cuando creyeron?"* (Hechos 19:2), nos desafía a reflexionar sobre nuestra propia experiencia con el Espíritu Santo. Esta pregunta, aparentemente simple, abre una serie de interrogantes profundas sobre la naturaleza de la fe cristiana y el papel del Espíritu en la vida del creyente.

La respuesta de estos discípulos, "ni siquiera hemos oído que hay un Espíritu Santo ", es desconcertante y nos lleva a cuestionar la naturaleza de su fe. ¿Cómo es posible ser un seguidor de Cristo sin "conocer" al Espíritu Santo? Esta situación nos recuerda que es posible tener un conocimiento parcial o incompleto del Evangelio, lo cual puede resultar en una experiencia cristiana limitada.

Ante esta respuesta, Pablo arremete con otra pregunta sobre el bautismo que habían recibido, y esta pregunta, a mi juicio, sugiere una conexión profunda entre el bautismo y la recepción del Espíritu Santo. Por lo tanto, me hizo reflexionar: ¿Hemos experimentado plenamente la realidad del Espíritu Santo en nuestras vidas, o nos hemos contentado con un cristianismo superficial que carece del poder transformador del Espíritu?

La experiencia de estos discípulos y la respuesta de Pablo nos recuerdan que el cristianismo auténtico implica más que un consentimiento intelectual a ciertas verdades. Involucra una experiencia transformadora con el Espíritu Santo. Como Iglesia, debemos asegurarnos de que no estamos ofreciendo un Evangelio incompleto o diluido que omita la realidad vital del Espíritu de Dios.

La lección es clara: sin el poder del Espíritu Santo, nuestros esfuerzos, por más sinceros que sean, quedarán cortos. Podemos tener los mejores programas, las estrategias más innovadoras y los líderes más capacitados, pero sin el Espíritu, careceremos del poder transformador que caracterizó a la Iglesia primitiva.

Ahora bien, ¿cómo recibimos este poder? La clave está en el hambre espiritual. El grado en que experimentamos la llenura del Espíritu Santo está directamente relacionado con nuestra hambre de Dios. Como dijo Jesús: ***"Bienaventurados los que tienen hambre y sed de justicia, porque ellos serán saciados"*** (Mateo 5:6 RV60). La pregunta que debemos hacernos es: ¿Realmente tenemos hambre de Él? ¿Anhelamos su presencia y su poder en nuestras vidas y en nuestras iglesias con la misma intensidad que los primeros discípulos?

Imagina una Iglesia donde el fuego del Espíritu Santo arde con la misma intensidad que en el día de Pentecostés. Donde los creyentes hablan con audacia, viven con poder, y aman radicalmente. Donde los milagros no son la excepción, sino la norma. Este no es un sueño inalcanzable, es la realidad a la que el Señor nos llama. El mismo Espíritu que encendió a la Iglesia primitiva está disponible para nosotros hoy.

Ese es el anhelo de mi corazón, esa es la Iglesia por la que oro. La pregunta es: ¿Estamos dispuestos a pagar el precio de la rendición total, la obediencia radical y la búsqueda apasionada de Su presencia?

El desafío para nosotros hoy es claro: Debemos recuperar esa hambre desesperada por la presencia y el poder de Dios. Debemos volver a la postura de espera expectante, reconociendo nuestra total dependencia del Espíritu Santo. Sólo entonces, cuando estemos revestidos del poder de lo alto, podremos verdaderamente impactar nuestro mundo para Cristo, tal como lo hicieron aquellos primeros discípulos.

MOMENTOS DE REFLEXIÓN

❑ ¿En qué medida mi experiencia con Dios se asemeja a la de los primeros cristianos? ¿Qué elementos de esa experiencia primitiva siento que faltan en mi vida espiritual?

❑ ¿Cómo puedo cultivar una mayor apertura y receptividad al poder transformador del Espíritu Santo en mi vida diaria?

❑ ¿De qué maneras concretas puedo profundizar mi relación con Dios más allá de las prácticas religiosas externas?

4

EL LLAMADO RADICAL

El Evangelio de Jesucristo nunca fue un llamado a una vida fácil o cómoda. Desde el inicio, Jesús dejó en claro que seguirlo implicaría sacrificio, renuncia y una vida transformada. A lo largo de la historia de la Iglesia, el cristianismo siempre ha sido más que una serie de creencias intelectuales; ha sido un llamado radical a la acción y a la entrega total.

En un mundo que cambia a un ritmo vertiginoso, donde la tecnología, la globalización y el relativismo moral definen nuestra Era, el llamado de Cristo resuena con una urgencia renovada. Seguir a Jesús en el siglo XXI no es simplemente una opción entre muchas filosofías de vida; es una invitación radical a una existencia completamente contracultural.

Imagina por un momento lo que significa ser un seguidor de Cristo en una sociedad que valora el éxito individual por encima de todo, que busca la gratificación instantánea, y que considera la verdad como algo relativo. El contraste es sorprendente y desafiante.

El discipulado cristiano auténtico nos llama a nadar contra la corriente de:

- Una cultura que promueve el individualismo, mientras Cristo nos llama a la comunidad y al servicio.
- Un mundo que busca la comodidad y el placer, mientras Jesús nos invita a tomar nuestra cruz.
- Una sociedad que valora la acumulación de riquezas, mientras nuestro Señor nos enseña a vivir con simplicidad y generosidad.
- Un entorno que fomenta la superficialidad en las relaciones, mientras Cristo nos llama a una intimidad profunda con Dios y con los demás.

El Evangelio siempre ha sido contracultural. En los tiempos de Jesús, su mensaje desafió tanto a las autoridades religiosas como a las políticas. Los primeros cristianos vivían de manera tan diferente que provocaban reacciones fuertes tanto de admiración como de rechazo.

Hoy, el llamado radical del Evangelio sigue desafiando la cultura de nuestra sociedad. En una época de individualismo, Jesús nos llama a la comunidad. En una Era de acumulación de riquezas, el Evangelio nos llama a la generosidad. En un tiempo donde el poder y el estatus son idolatrados, Jesús nos invita a ser humildes servidores. Como cristianos, estamos llamados a vivir de manera diferente, a ser luz en medio de la oscuridad y a no conformarnos con los patrones del mundo (Romanos 12:2).

Este llamado no es menos exigente hoy que en los primeros días de la Iglesia. De hecho, podría argumentarse que es aún más desafiante debido a las distracciones y tentaciones únicas de nuestro tiempo. La tecnología, la presión constante de las redes sociales, y la erosión de los valores tradicionales crean un terreno particularmente difícil para vivir una fe auténtica y transformadora.

Sin embargo, es precisamente en este contexto demandante donde el mensaje de Cristo brilla con mayor claridad. En un mundo hambriento de autenticidad, propósito y amor verdadero, los seguidores de Jesús tienen la oportunidad de ofrecer un testimonio poderoso de una vida diferente, una vida marcada por el amor dispuesto a hacer sacrificios, la integridad inquebrantable y una esperanza trascendente.

LA COMODIDAD VS. EL COMPROMISO RADICAL

En nuestra búsqueda de comodidad y éxito, hemos perdido de vista el verdadero corazón del Evangelio. Los apóstoles, pilares de nuestra fe, vivieron vidas marcadas por el sacrificio y la simplicidad. Su riqueza no se medía en posesiones materiales, sino en la profundidad de su relación con Cristo y su impacto eterno.

El cristianismo radical no se trata de extremismo, sino de un compromiso total con Cristo que transforma cada aspecto de nuestras vidas. En muchas partes del mundo, nuestros hermanos y hermanas en la fe viven este radicalismo diariamente, enfrentando persecución y privaciones con una fe inquebrantable.

Como te decía en capítulos anteriores, en muchas partes del mundo occidental, hemos domesticado el cristianismo hasta el punto de hacerlo casi irreconocible comparado con la fe radical de los primeros seguidores de Cristo. Mientras que en algunas partes del mundo ser cristiano puede significar enfrentar persecución, pérdida de empleo o incluso la vida, en nuestro contexto a menudo se ha convertido en una experiencia cómoda y sin riesgos. La paradoja del confort nos enseña que el crecimiento espiritual más significativo a menudo ocurre cuando estamos fuera de nuestra zona de comodidad.

Como seguidores de Cristo, estamos llamados a abrazar los desafíos y la incomodidad como oportunidades para crecer en fe y ser transformados a la imagen de Cristo. Sólo entonces podremos experimentar la plenitud de lo que significa seguir a Jesús y cumplir el propósito que Él tiene para nuestras vidas.

A lo largo de la historia bíblica, tanto en el relato del Antiguo como del Nuevo Testamento, vemos cómo

Dios llamó a hombres a que salieran de su zona de confort, de lo que les era conocido, para seguirle a Él y experimentar el desafío y los poderosos resultados de poner su confianza en Dios. Por ejemplo:

Abraham:

- Llamado: Dios le pidió que dejara su tierra, su parentela y la casa de su padre para ir a una tierra desconocida (Génesis 12:1).
- Resultado: Se convirtió en el padre de una gran nación y un ejemplo de fe para todas las generaciones.

Moisés:

- Llamado: Dios lo llamó desde una vida cómoda como pastor para enfrentar al Faraón y liberar a Israel (Éxodo 3:10).
- Resultado: Lideró uno de los eventos más significativos en la historia de Israel y se convirtió en un gran profeta.

Los Discípulos:

- Llamado: Jesús los llamó a dejar sus redes, botes y familias para seguirle (Mateo 4:18-22).
- Resultado: Se convirtieron en los fundamentos de la Iglesia y llevaron el Evangelio a todo el mundo conocido.

Pablo:

- Llamado: De perseguidor a Apóstol, Dios lo llamó a una vida de sufrimiento por el Evangelio

(Hechos 9:15-16).

■ Resultado: Se convirtió en el Apóstol más influyente, escribiendo gran parte del Nuevo Testamento.

LA COMERCIALIZACIÓN DE LA FE

En contraste, muchas de nuestras iglesias modernas han adoptado un enfoque que se asemeja más al entretenimiento y al marketing que a la transformación espiritual profunda. Ofrecemos programas atractivos, sermones motivacionales y experiencias de adoración de alta tecnología, pero ¿estamos realmente desafiando a las personas a un discipulado radical?

Muchas iglesias ofrecen "soluciones rápidas" espirituales en forma de programas pre-empaquetados. Por lo que existe el riesgo de que nuestra fe se vuelva superficial, con "clases de 7 pasos hacia la santidad", y experiencias "religiosas" virtuales que sustituyen el verdadero crecimiento espiritual y la comunidad auténtica, y no me refiero a devocionales o discipulados en línea que muchas veces hacemos para que las personas que trabajan o viven lejos puedan ser parte de nuestra comunidad de fe. Me refiero a pastores que tienen varios ministerios y en lugar de delegar, predican online y las personas llegan a la Iglesia a ver en la pantalla a su "ciber pastor". Algunos líderes cristianos se han convertido en "marcas" más que en siervos, así que el enfoque puede desplazarse de Cristo a la personalidad del líder.

Ya muchos pastores no visitan a sus miembros cuando estos están convalecientes en sus casas o en el hospital, ahora es a través de una video llamada. Debemos preguntarnos si estamos buscando la conveniencia a expensas del compromiso genuino.

Por otro lado, en nuestra cultura moderna, incluso dentro de la Iglesia, hemos adoptado a menudo definiciones de éxito que se asemejan más a los estándares del mundo que a los de Cristo. Es hora de cuestionar estas métricas y volver a una comprensión bíblica del verdadero éxito en el Reino de Dios.

Cuestionando las Definiciones Modernas de Éxito en la Iglesia

1. **Números de Asistencia**:
   - Muchas iglesias miden su éxito por cuántas personas asisten a los servicios.

     ¿Una Iglesia llena es necesariamente una Iglesia saludable?

2. **Riqueza y Recursos**:
   - El tamaño del presupuesto o la opulencia de las instalaciones a menudo se ven como signos de bendición.

     ¿Estamos confundiendo la prosperidad material con la aprobación divina?

3. **Influencia Social y Política**:
   - Algunas iglesias buscan tener voz en la esfera pública como medida de su impacto.

     ¿Es la influencia política lo mismo que la

transformación espiritual?

4. **Programas y Actividades:**

   ■ La cantidad de programas y eventos se considera a veces como indicador de vitalidad.

   ¿Estamos confundiendo la actividad con el crecimiento espiritual?

La comercialización de la fe es una tendencia peligrosa que amenaza con diluir el poder transformador del Evangelio. Como seguidores de Cristo, estamos llamados a resistir la tentación de reducir nuestra fe a un producto de consumo. En su lugar, debemos abrazar la radicalidad del llamado de Jesús, que nos desafía a una vida de discipulado auténtico, sacrificio y servicio desinteresado. Sólo entonces podremos experimentar y compartir la verdadera riqueza del Reino de Dios.

LA PÉRDIDA DEL IMPACTO EVANGELÍSTICO

En el libro de los Hechos, vemos que después de Pentecostés, los nuevos convertidos, estos nuevos cristianos se habían trasformado en evangelistas eficaces, ellos iban y contaban acerca de lo que estaban viviendo, anunciaban el Evangelio de Jesús a todos los que encontraban en el camino. Hoy en día no parece que sea así. ¿Por qué no?, uno se siente tentado a preguntar. ¿Será que no hacemos eco del Evangelio en nuestras vidas? Porque si leemos profundamente el libro de los Hechos, justo después de Pentecostés vemos que *"el Señor añadía cada día a la iglesia los que habían de ser salvos"* (Hechos 2:47 RV60).

El Evangelio, en su esencia, es radical. No se alinea con la sabiduría del mundo. En 1ra Corintios 1:25, nos dice: *"Ese plan «ridículo» de Dios es más sabio que el más sabio de los planes humanos, y la debilidad de Dios es más fuerte que la mayor fuerza humana."* (NTV). El Evangelio no se transmite con las técnicas del mundo.

Me gustaría que examináramos juntos el capítulo uno de la primera carta a los Tesalonicenses. Pablo describe cómo los tesalonicenses *"se convirtieron de los ídolos a Dios para servir al Dios vivo y verdadero"* (1ra Tesalonicenses 1:9 RV60). Esto nos revela que el enfoque de una vida transformada por el Evangelio es el "Dios vivo y verdadero". Debemos preguntarnos: ¿El Evangelio que predicamos hoy presenta a este mismo Dios transformador?

Hoy invitamos a las personas a la Iglesia con promesas falsas: "Todo te va a ir bien", "el Señor va a resolver tus problemas", "esta va a ser tu mejor temporada". El Evangelio auténtico confronta nuestra desobediencia a Dios y reconoce las consecuencias de esta rebelión. En Efesios 2:1-2, Pablo nos recuerda nuestra condición antes de Cristo: *"muertos en delitos y pecados"*. Pero hoy vemos ese mensaje demasiado fuerte para predicarlo. Nos encanta la gracia y la misericordia del Señor, pero no nos gusta hablar del juicio de Dios. Sin embargo, el mensaje no termina en nuestra condición pecaminosa, y eso es lo que no entendemos. Pablo continúa: ***"Pero Dios, que es rico en misericordia... nos dio vida con Cristo"*** (Efesios 2:4-5 RV60). El Evangelio radical proclama tanto nuestra necesidad como la gracia transformadora de Dios.

Si queremos ver el mismo impacto evangelístico que experimentó la Iglesia primitiva, debemos volver a predicar y vivir el Evangelio radical en toda su plenitud. Sólo entonces podremos esperar ver vidas verdaderamente transformadas y una Iglesia que crece no sólo en números, sino en poder espiritual y en impacto en el mundo.

Recuperando el Evangelio Radical

Para recuperar el poder transformador del Evangelio, debemos:

1. Predicar un mensaje que presente al Dios vivo y verdadero, no una versión domesticada que se ajuste a nuestras preferencias.
2. Confrontar honestamente la realidad del pecado y la desobediencia, sin suavizar sus consecuencias.
3. Proclamar la gracia transformadora del Señor que nos da nueva vida en Cristo.
4. Enfatizar el llamado a la obediencia como una respuesta natural al amor y la gracia de Dios.

EL ABANDONO TOTAL

Un joven rico se acerca a Jesús buscando la vida eterna. Este hombre representa a muchos de nosotros hoy: exitosos según los estándares del mundo, moralmente rectos, y sinceramente interesados en las cosas espirituales. El joven pregunta: *"Maestro bueno, ¿qué haré para heredar la vida eterna?"* (Marcos 10:17 RV60). Esta pregunta revela una mentalidad de "hacer" que es común en nuestra cultura religiosa actual. Muchos buscan una lista de tareas para "ganar" la salvación o el favor del Señor.

La Respuesta de Jesús

Quizás este joven estaba esperando un reconocimiento de Jesús por saber los mandamientos, por haberlos guardado desde que era niño. Sin embargo, la respuesta de Jesús al joven rico es sorprendente y multifacética, revelando la profundidad del llamado al discipulado radical.

1. Cuestionamiento de la Bondad

Jesús comienza cuestionando el uso del término "bueno" por parte del joven: *"¿Por qué me llamas bueno? Ninguno hay bueno, sino sólo Dios"* (Marcos 10:18 RV60).

Esto no es falsa modestia, sino un desafío para que el joven reflexione sobre la verdadera naturaleza de la bondad y, por extensión, sobre la identidad de Jesús. El Maestro está sutilmente dirigiendo la atención del joven hacia Dios como la fuente última de bondad y, posiblemente, insinuando su propia divinidad.

2. Referencia a los Mandamientos

Jesús menciona varios de los Diez Mandamientos, a lo que el joven responde que los ha guardado desde su juventud. Jesucristo comienza con lo familiar, estableciendo un terreno común. La respuesta del joven muestra su sinceridad, pero también revela una comprensión superficial de la obediencia al Señor.

3. La Mirada de Amor

Marcos 10:21 nos dice que *"Jesús, mirándole, le amó"*.

Este detalle crucial muestra que el desafío de Jesús proviene del amor, no de la condenación. El llamado al abandono total está arraigado en el amor de Dios por nosotros, no en un deseo de privarnos de lo que poseemos.

4. El Llamado Radical

"Una cosa te falta: anda, vende todo lo que tienes, y dalo a los pobres, y tendrás tesoro en el cielo; y ven, sígueme, tomando tu cruz" (Marcos 10:21 RV60).

Jesús identifica lo que impide al joven entregarse completamente. La respuesta del Hijo de Dios es específica y desafiante, requiriendo acción concreta. Hoy damos respuestas "condescendientes" para no herir o para que la gente no se vaya de nuestra Iglesia; sin embargo, Jesús confrontaba a la gente: *"una cosa te falta"*. ¿Qué será esa "cosa" que me falta para una entrega total?

Elementos del Llamado:

a) **Vende todo**: Un llamado a desprenderse de la seguridad material.

b) **Dalo a los pobres**: Un desafío a la generosidad radical y al cuidado de los necesitados.

c) **Tendrás tesoro en el cielo**: Una promesa de recompensa eterna.

d) **Ven, sígueme**: Una invitación a una relación personal y un nuevo estilo de vida.

e) **Tomando tu cruz**: Un llamado a abrazar el sacrificio y el sufrimiento por el Reino.

5. La Tristeza del Joven

La respuesta del joven es reveladora: *"Afligido por esta palabra, se fue triste, porque tenía muchas posesiones"* (Marcos 10:22 RV60). La reacción del joven muestra dónde estaba realmente su tesoro. Este texto nos desafía a examinar qué estamos reteniendo que nos impide seguir plenamente a Cristo.

6. El Comentario de Jesús sobre la Riqueza

Jesús utiliza este momento para enseñar sobre los peligros de la riqueza: *"¡Cuán difícilmente entrarán en el reino de Dios los que tienen riquezas!"* (Marcos 10:23 RV60).

Las posesiones materiales pueden ser un obstáculo significativo para el discipulado. Nos llama a examinar nuestra relación con las riquezas y las posesiones. Jesús concluye con una nota de esperanza: *"Para los hombres es imposible, mas para Dios, todo es posible"* (Mateo 19:26 RV60).

Jesús no minimiza el desafío del abandono total. Nos recuerda que, con la ayuda del Señor, incluso lo que parece imposible se vuelve posible.

La respuesta inesperada de Jesús al joven rico nos desafía a todos. Nos llama a un desprendimiento absoluto que va más allá de la observancia externa de reglas, a una entrega completa de nuestro corazón y nuestros recursos a Dios. Es un llamado al discipulado radical que sigue siendo tan relevante y desafiante hoy como lo fue hace más dos mil años atrás.

EL DESAFÍO ANTE NOSOTROS

Debemos volver a abrazar la verdad de que seguir a Cristo tiene un costo real. No es un camino fácil, pero es el único que lleva a la vida verdadera. Es tiempo de tomar en serio el llamado a ser santos como Dios es Santo, permitiendo que el Espíritu de Dios transforme cada área de nuestras vidas.

Necesitamos recuperar la convicción de que el Evangelio es la única esperanza para un mundo perdido, y vivir con la urgencia de compartirlo. Tenemos que reorientar nuestras prioridades porque es hora de vivir como peregrinos en este mundo, invirtiendo en lo eterno en lugar de lo temporal. Debemos volver a depender completamente del poder del Espíritu Santo, en lugar de confiar en nuestras propias fuerzas y estrategias.

Aunque el desafío es grande, la promesa es aún mayor. Cuando volvemos al Evangelio radical de Jesús, experimentamos:

- Una fe vibrante y transformadora.
- Vidas llenas de propósito y significado.
- Iglesias que son faros de esperanza y cambio en sus comunidades.
- Un testimonio poderoso que impacta al mundo.

El camino no será fácil, pero es el único que vale la pena recorrer. Es mi oración que este sea el comienzo de un viaje de redescubrimiento y renovación, donde experimentemos nuevamente el poder transformador del Evangelio en toda su plenitud. ¿Estás listo para abrazar el Evangelio radical de Jesús, sin diluir y sin domesticar? La decisión es tuya, y el momento es ahora.

MOMENTOS DE REFLEXIÓN

Hoy te invito a hacerte un autoexamen y responder de manera honesta estas preguntas:

- ❑ **¿Qué significa para mí el llamado al abandono total que Jesús hizo al joven rico?**
  - ▪ Reflexiona sobre lo que estás dispuesto a soltar en tu vida para seguir a Cristo más plenamente.

- ❑ **¿En qué áreas de mi vida he domesticado el mensaje de Cristo para que se ajuste a mis preferencias?**
  - ▪ Considera si has suavizado o evitado aspectos del Evangelio que son desafiantes o incómodos.

- ❑ **¿Cómo puedo reorientar mis prioridades para buscar primero el Reino de Dios?**
  - ▪ Piensa en acciones concretas que puedes tomar para poner al Señor en el centro de tu vida.

- ❑ **¿A qué "riquezas" o seguridades materiales estoy aferrando que me impiden seguir a Cristo con todo mi corazón?**
  - ▪ Identifica las cosas que pueden estar ocupando Su lugar en tu vida.

❑ **¿Estoy dispuesto a enfrentar las consecuencias de vivir un Evangelio radical en un mundo que valora la comodidad?**

■ Reflexiona sobre tu disposición a ser un testigo valiente del Evangelio, incluso cuando eso implique sacrificio.

❑ **¿Cómo puedo cultivar una pasión por las almas y un sentido de urgencia por compartir el Evangelio?**

■ Considera formas prácticas de involucrarte en la misión de compartir la fe con otros.

❑ **¿Qué pasos puedo dar para depender más del poder del Espíritu Santo en mi vida diaria?**

■ Piensa en cómo puedes buscar la guía y el poder del Espíritu en tus decisiones y acciones cotidianas.

5

LA IGLESIA RESTAURADA

En cada generación, la Iglesia enfrenta desafíos. A lo largo de la historia, ha habido momentos en que se ha desviado de su misión, se ha acomodado a la cultura o ha perdido su enfoque en lo que realmente importa: la transformación de vidas y el avance del Reino de Dios. Sin embargo, el Señor siempre ha levantado a líderes y movimientos para restaurar Su Iglesia a su verdadero propósito.

La restauración no se trata de volver nostálgicamente al pasado, sino de redescubrir los principios eternos que hicieron de la Iglesia primitiva una fuerza transformadora en el mundo. Es un llamado a despertar de nuestra complacencia y a abrazar nuevamente el poder y la pasión del Evangelio original.

Me gustaría invitarte a explorar cómo la Iglesia puede ser restaurada a su llamado original y cómo podemos ser parte de esa renovación hoy.

VOLVER AL PRIMER AMOR

El llamado a "volver al primer amor" que encontramos en el libro de Apocalipsis 2:4 es una advertencia profunda y urgente para la Iglesia de Éfeso, pero también es un llamado eterno para todos los creyentes. Cuando Jesús les dice a los efesios: *"Tengo contra ti que has dejado tu primer amor"*, está hablando de algo que va al corazón de la fe cristiana: la relación íntima, vibrante y apasionada con Cristo que define la vida de Sus seguidores.

¿Podría Jesús tener esto contra nosotros? Si es así, ¡es aterrador!

Quiero que observes que Jesucristo no culpa a los efesios por la falta de buenas obras o por su servicio a la comunidad. De hecho, son trabajadores, pacientes, perseverantes. Si vamos a Apocalipsis 2: 2-3, podemos leer cómo Jesús describe a esta Iglesia:

"Yo conozco tus obras, y tu arduo trabajo y paciencia; y que no puedes soportar a los malos, y has probado a los que se dicen ser apóstoles, y no lo son, y los has hallado mentirosos; y has sufrido, y has tenido paciencia, y has trabajado arduamente por amor de mi nombre, y no has desmayado." (RV60)

Ellos pudieron superar toda la oposición que los rodeaba, pero el problema estaba en el interior.

A. El Amor como Fundamento del Cristianismo

El amor es el fundamento de nuestra fe. El gran mandamiento que Jesús nos dio fue amar a Dios con todo nuestro corazón, alma y mente, y amar a nuestro prójimo como a nosotros mismos (Mateo 22:37-39). Este amor es más que una emoción pasajera; es una devoción profunda que moldea nuestra vida y nuestras prioridades. En el primer amor, los creyentes están completamente entregados a Cristo, deseando "conocerle" más y servirle con todo su ser.

En la Iglesia de Éfeso, a pesar de que mantenían muchas buenas prácticas y doctrinas, algo crucial había cambiado: su relación con Jesús se había vuelto rutinaria, fría y basada en el deber en lugar del amor.

Este mismo peligro acecha a las iglesias y creyentes hoy. Podemos estar involucrados en actividades religiosas, asistir a los servicios, e incluso participar en ministerios, pero si no mantenemos nuestra relación de amor con Cristo como prioridad, hemos perdido el corazón del Evangelio.

B. Señales de Haber Perdido el Primer Amor

La pérdida del primer amor no ocurre de la noche a la mañana. A menudo es un proceso lento y sutil. Hace años escuché una definición de lo que es el primer amor mientras un predicador invitado compartía la Palabra del Señor en nuestra Iglesia; de hecho, lo tengo escrito en la parte de atrás de mi Biblia:

"Es el entusiasmo desbordante que siente la persona que conoce a Jesús y que sólo quiere saber de la Biblia, quiere pasar largo tiempo en oración y busca estar en compañía de personas ungidas. Pero cuando pierden ese primer amor, la Biblia ocupa un segundo lugar, ya no quieren orar y critican a los ungidos de Dios."

Algunas señales de que hemos dejado de amar a Jesús

con la misma pasión pueden incluir:

- **Ritualismo**: No experimentas el asombro y la admiración que tenías originalmente por Dios y todo lo que Él ha hecho por ti. Las prácticas de fe como la oración, la adoración y el estudio de la Palabra, pueden volverse vacías, meros rituales que se hacen por obligación, sin experimentar un verdadero encuentro con el Señor.

- **Desconexión con Cristo**: Pasamos más tiempo preocupándonos por nuestras responsabilidades y problemas personales, y menos tiempo en comunión con Jesús. Estamos más centrados en las obras que en la relación con Él, y la intimidad con el Espíritu Santo.

- **Falta de celo por el Reino de Dios**: Al perder nuestro amor por Cristo, perdemos también el entusiasmo por servir y avanzar el Reino de Dios. Lo que antes nos llenaba de gozo, ahora se siente como una carga. Comenzamos a juzgar a los demás en lugar de mostrar misericordia y amor porque olvidamos la gracia que el Señor nos ha mostrado. Disminuye el deseo de hablar a otros sobre Cristo y se evitan oportunidades de testimonio por temor o indiferencia.

C. Cómo Volver al Primer Amor

Debemos confrontar la dura realidad de nuestra caída espiritual. Es hora de hacer un inventario honesto de nuestro viaje de fe. Piensa en el fervor que una vez tuviste por Dios. ¿Qué aspectos de Su carácter te llenaban de asombro y ya no despiertan en ti ni un parpadeo de emoción?

Al principio de nuestra jornada espiritual, solíamos estar abrumados por la inmensidad del amor del Señor frente a la profundidad de nuestro pecado. Esta perspectiva no era de auto-flagelación, sino de profunda gratitud. Recuerda cómo el apóstol Pablo se describió a sí mismo como *"el primero de los pecadores"* (1ra Timoteo 1:15). No lo hizo para hundirse en la autocompasión, sino para exaltar la paciencia infinita de Dios. Sin embargo, con el paso del tiempo, corremos el riesgo de olvidar la magnitud del perdón que se nos otorgó. Podemos perder de vista que nuestra capacidad de caminar con Jesús se basa enteramente en Su gracia, no en nuestros méritos. El primer amor por Cristo se caracteriza por una humildad profunda y un reconocimiento constante de nuestra total dependencia de Él. Jesús lo dijo claramente: *"Separados de mí, nada podéis hacer"* (Juan 15:5 RV60). Esta verdad fundamental a menudo se desvanece en la rutina de nuestra vida cristiana.

El regreso al primer amor no es simplemente un asunto de resolver, hacer más o esforzarnos más. Se trata de una renovación del corazón que sólo puede ocurrir cuando nos volvemos a Jesús con sinceridad y humildad.

Necesitamos:
- **Arrepentimiento sincero**: En Apocalipsis 2:5, Jesús les dice a los efesios: *"Recuerda, por tanto, de dónde has caído; arrepiéntete, y haz las primeras obras."* (RV60). El primer paso para restaurar nuestro amor por Jesús es reconocer que lo hemos descuidado y pedirle perdón. Arrepentirnos es más que sentir remordimiento; es un cambio de dirección,

volviendo deliberadamente hacia Cristo con todo nuestro corazón. David sabía la importancia de venir delante del Señor con un corazón dispuesto a ser examinado para descubrir todo lo que había en él: *"Examíname, oh Dios, y conoce mi corazón; Pruébame y conoce mis pensamientos; Y ve si hay en mí camino de perversidad, y guíame en el camino eterno."* (Salmos 139: 23-24 RV60).

- **Buscar Su presencia**: El amor por Jesús crece cuando pasamos tiempo en Su presencia. Esto significa reavivar nuestra vida de oración y adoración, no como un deber, sino como un anhelo de estar con Él. Como lo hizo María, quien se sentó a los pies de Jesús para escuchar Sus palabras (Lucas 10:39), debemos priorizar nuestra relación con el Señor sobre todas las demás cosas.

- **Obras motivadas por el amor**: Las "primeras obras" de las que habla Jesús no son sólo actividades que podemos hacer en la Iglesia, sino obras que brotan de un corazón enamorado de Dios. El servicio y la misión cristiana deben estar impulsados por el amor a Cristo y a los demás, no por una obligación religiosa o por cumplir con expectativas externas.

D. El Fruto de Volver al Primer Amor

Cuando una persona o una Iglesia regresa a su "primer amor," el impacto no es sólo personal, sino también colectivo y transformador. Este reavivamiento en la relación con Cristo produce un fruto que es evidente en la vida de los creyentes y en la comunidad. Volver al "primer" amor conlleva una renovación de la pasión, la fe y el compromiso, manifestado en una vida profundamente enraizada en el amor a Dios.

Cuando volvemos al "primer amor", el fruto en nuestras vidas y en la Iglesia es evidente. La relación con Cristo se vuelve una fuente de gozo y propósito renovados. El salmista expresa este deseo en su oración al Señor: *"Vuélveme el gozo de tu salvación, Y espíritu noble me sustente."* (Salmos 51:12 RV60). Cuando volvemos a amar a Cristo como al principio, experimentamos una renovación de ese gozo puro y desbordante que sentimos cuando nos encontramos con Jesús por primera vez.

Este gozo no es circunstancial, sino una alegría que surge de saber que estamos reconciliados con Él. Se manifiesta en la forma en que adoramos, servimos y vivimos la vida cristiana. El gozo del "primer amor" nos impulsa a vivir con gratitud y con un corazón lleno de esperanza, sabiendo que nuestra relación con Cristo es lo más valioso.

El servicio a los demás fluye naturalmente, no como una carga, sino como una expresión de nuestro amor por Dios y por Su pueblo. Jesús enseñó que el mayor mandamiento es amar al Señor y, junto con este, amar al prójimo (Mateo 22:37-39). Cuando el "primer amor" por Dios es reavivado, este amor se desborda naturalmente hacia los demás. El apóstol Pablo exhorta a la Iglesia en Filipos diciendo: *"Nada hagáis por contienda o por vanagloria; antes bien con humildad, estimando cada uno a los demás como superiores a él mismo; no mirando cada uno por lo suyo propio, sino cada*

cual también por lo de los otros" (Filipenses 2:3-4
RV60). El fruto de volver al "primer amor" es un espíritu
de entrega desinteresada, buscando el bien de los demás
y sirviendo como Cristo sirvió.

En lugar de conformarnos con un cristianismo tibio,
volvemos a experimentar el fuego y la pasión que vienen
de caminar en cercanía con Jesús. En lugar de divisiones,
egoísmos y luchas por el poder, la Iglesia restaurada en
su amor por Jesús, se caracteriza por la unidad, la
humildad y el deseo de edificar a los demás.

REDESCUBRIENDO LA COMUNIDAD AUTÉNTICA

La Iglesia primitiva se caracterizaba por una profunda
comunión entre los creyentes. Hechos 2:42-47 nos ofrece
una imagen poderosa de esta comunidad: *"Y
perseveraban en la doctrina de los apóstoles, en la
comunión unos con otros, en el partimiento del pan
y en las oraciones... Todos los que habían creído
estaban juntos, y tenían en común todas las cosas..."*
(RV60). Esta descripción nos desafía a repensar cómo
vivimos nuestra fe en comunidad hoy.

1. Priorizar las Relaciones sobre los Programas

En muchas iglesias modernas, los programas han
reemplazado las relaciones genuinas. Para restaurar la
comunidad auténtica, debemos:
- Crear espacios para interacciones significativas
  fuera de los servicios formales.
- Fomentar comidas compartidas y tiempo de
  convivencia informal.

- Reducir el énfasis en eventos y aumentar las oportunidades para la conexión personal.

2. Cultivar la Vulnerabilidad y la Rendición de Cuentas

La comunidad auténtica requiere honestidad y apertura. Podemos fomentar esto mediante:

- Grupos pequeños donde las personas puedan compartir sus luchas y victorias.
- Relaciones de mentoría que promuevan el crecimiento espiritual.
- Crear una cultura de rendición de cuentas, donde sea seguro admitir fallas y buscar ayuda.

3. Practicar la Hospitalidad Radical

Los primeros cristianos compartían sus recursos generosamente. Podemos imitar esto al:

- Alentar a los miembros a abrir sus hogares para reuniones y comidas.
- Crear un fondo común para ayudar a los necesitados dentro de la comunidad.
- Practicar la hospitalidad con extraños y marginados.

4. Fomentar la Diversidad en la Unidad

La Iglesia primitiva unía a personas de diversos trasfondos. Debemos:

- Buscar activamente incluir a personas de diferentes edades, razas, naciones, y clases sociales.
- Celebrar la diversidad como una fortaleza, no como una amenaza.
- Abordar y resolver conflictos de manera bíblica, en lugar de evitarlos.

5. Restaurar el Compromiso con la Comunidad Local

Los primeros cristianos impactaron sus comunidades. Podemos hacer lo mismo al:

- Identificar y atender las necesidades de nuestro vecindario.
- Colaborar con otras iglesias y organizaciones para servir a la comunidad.
- Ser una presencia visible y positiva en eventos y asuntos locales.

6. Utilizar la Tecnología para Conectar, No para Aislar

En nuestra Era digital, debemos:

- Usar las redes sociales para fomentar conexiones reales, no sólo para difundir información.
- Complementar, no reemplazar, las interacciones en persona con conexiones virtuales.
- Enseñar el uso sabio de la tecnología para fortalecer, no debilitar, la comunidad.

Redescubrir la comunidad auténtica no es fácil en nuestra cultura individualista. Requiere intencionalidad, vulnerabilidad y un compromiso con el bien común por encima de nuestras preferencias personales. Sin embargo, cuando lo hacemos, experimentamos la plenitud de lo que significa ser el Cuerpo de Cristo, una comunidad que refleja el amor y la unidad que Jesús oró para que tuviéramos (Juan 17:21). Al restaurar estos aspectos de la comunidad auténtica, no sólo enriquecemos nuestras propias vidas, sino que también ofrecemos al mundo un testimonio poderoso del amor transformador de Cristo. En un mundo cada vez más fragmentado y aislado, una Iglesia que vive en comunidad auténtica se convierte en un faro de esperanza y un anticipo del Reino de Dios.

RENOVANDO EL COMPROMISO CON LA PALABRA

Los primeros creyentes perseveraban en la enseñanza de los apóstoles (Hechos 2:42). Esta perseverancia en la Palabra del Señor era fundamental para su crecimiento espiritual y la expansión de la Iglesia. Para restaurar este aspecto crucial en nuestras iglesias modernas, necesitamos:

1. Enfatizar en el Estudio Bíblico Profundo

Debemos fomentar un estudio sistemático y contextual de las Escrituras, no sólo lecturas devocionales breves. También tenemos que equipar a los creyentes con recursos para entender el contexto histórico, cultural y lingüístico de la Biblia y crear espacios para el estudio bíblico profundo, donde se puedan abordar temas complejos y preguntas difíciles.

La Biblia dice: *"Para que ya no seamos niños fluctuantes, llevados por doquiera de todo viento de doctrina, por estratagema de hombres que para engañar emplean con astucia las artimañas del error, sino que siguiendo la verdad en amor, crezcamos en todo en aquel que es la cabeza, esto es, Cristo."* (Efesios 4:14-15 RV60).

2. Equipar a los Creyentes para la Interpretación y Aplicación

Tenemos que ser intencionales en instruir sobre cómo interpretar correctamente las Escrituras en su contexto original y ayudar a los creyentes a conectar los principios bíblicos con los desafíos contemporáneos.

Juan 5:35 nos enseña: *"Escudriñad las Escrituras; porque a vosotros os parece que en ellas tenéis la vida eterna; y ellas son las que dan testimonio de mí. "* (RV60).

3. Predicación Transformadora

Predicar sermones que no sólo informen y sean motivacionales, sino que desafíen y llamen a la acción. Abordar temas actuales desde una perspectiva bíblica sólida. El verdadero desafío radica en encender una chispa en el corazón de los creyentes. El objetivo es que la Palabra de Dios no sólo sea entendida intelectualmente, sino que comience a remodelar la manera de actuar de cada persona que la escucha.

Buscamos una predicación que:
- Ilumine nuestras mentes con la poderosa verdad de la Palabra de Dios.
- Encienda nuestros corazones con una pasión ardiente por conocer y amar a nuestro Creador.
- Despierte nuestra fe con las infinitas posibilidades de lo que Cristo puede hacer en y a través de nosotros.
- Impulse a la acción, llevando esa transformación divina a cada aspecto de nuestra vida cotidiana.

4. Fomentar la Memorización de las Escrituras

Implementar iniciativas para memorizar versículos y pasajes clave. Debemos animar a los miembros de nuestras iglesias a meditar en los versículos memorizados y a aplicarlos en su vida diaria. El Señor les insistió a los israelitas la importancia de memorizar Su Palabra: *"Y estas palabras que yo te mando hoy, estarán sobre tu corazón; y las repetirás a tus hijos, y hablarás de ellas estando en tu casa, y andando por el camino, y al acostarte, y cuando te levantes. Y las atarás como una señal en tu mano, y estarán como frontales entre tus ojos; y las escribirás en los postes de tu casa, y en tus puertas. "* (Deuteronomio 6:6-9 RV60)

Renovar nuestro compromiso con la Palabra del Señor es esencial para la restauración de la Iglesia. Cuando la Biblia ocupa el lugar central en nuestras vidas y en nuestras comunidades de fe, experimentamos una transformación profunda. No sólo adquirimos conocimiento, sino que somos moldeados por la verdad de Dios, equipados para el servicio y fortalecidos para enfrentar los desafíos de nuestro tiempo. Este compromiso renovado con la Palabra nos lleva de vuelta a la visión de la Iglesia primitiva, donde los creyentes *"perseveraban en la doctrina de los apóstoles"* (Hechos 2:42). Al hacerlo, nos convertimos en una Iglesia que no sólo conoce la verdad, sino que la vive, la proclama y la defiende en un mundo que desesperadamente necesita la luz y la esperanza del Evangelio.

REVITALIZANDO LA VIDA DE ORACIÓN

La oración era central en la Iglesia primitiva. El libro de Hechos 4:31 (RV60) nos ofrece una imagen poderosa de su vida de oración: *"Cuando hubieron orado, el lugar en que estaban congregados tembló; y todos fueron llenos del Espíritu Santo, y hablaban con denuedo la palabra de Dios. "* ¿No es sorprendente que, en los momentos más poderosos de avivamiento y transformación espiritual, a menudo no encontramos sermones elaborados, música profesional o testimonios cuidadosamente preparados? En cambio, lo que vemos es el poder crudo y auténtico de la oración ferviente.

Sigo creyendo firmemente que no hay sustituto para la unción que desciende durante una reunión de oración guiada por el Espíritu Santo. Es en estos momentos cuando los corazones se abren en vulnerabilidad ante Dios, las barreras entre las personas se derrumban y el Espíritu Santo se mueve con libertad entre los creyentes. Cuando la gente comienza a derramar su corazón ante Dios, sucede algo extraordinario. No es un espectáculo ensayado ni una presentación pulida. Es un encuentro genuino con el Dios vivo. Es allí cuando las máscaras caen, la honestidad prevalece y la presencia de Dios se hace palpable.

La oración no es simplemente una opción entre muchas actividades espirituales; es el canal principal a través del cual Dios ha escogido responder a la necesidad desesperada de un movimiento de Su Espíritu. Debemos ir más allá de las oraciones rutinarias y cómodas. El tipo de oración que provoca un movimiento del Espíritu es:

- Ferviente: Llena de pasión y urgencia.
- Persistente: No se rinde fácilmente.
- Expectante: Cree que Dios responderá.
- Transformadora: Cambia al que ora tanto como las circunstancias.

Si anhelamos ver un movimiento poderoso del Espíritu de Dios en nuestros días, debemos volver a la práctica fundamental de la oración ferviente y persistente. No hay atajo, no hay alternativa. La oración es el camino hacia el avivamiento y la transformación que nuestras iglesias y nuestro mundo tan desesperadamente necesitan.

También es importante que entendamos que nuestro tiempo de oración determina nuestra intimidad con el

Señor. Cuando Pedro y Juan fueron arrestados por sanar y predicar en el nombre de Jesús, se enfrentaron a una elección crucial. En lugar de diluir su mensaje o buscar un compromiso cómodo, optaron por la audacia. Su respuesta no fue retroceder, sino avanzar con mayor determinación. Al regresar a la Iglesia, Pedro y Juan no guardaron silencio. Compartieron su experiencia, uniendo a la comunidad en un propósito común. La reacción inmediata de la Iglesia fue volcarse en oración. Pero no era una oración centrada en sus problemas, sino en la grandeza de Dios. Comenzaron con adoración, reconociéndolo como el Creador Todopoderoso. Esta perspectiva les permitió ver sus desafíos en el contexto del plan eterno de Dios. Sorprendentemente, su única petición no fue por protección o comodidad, sino por valentía para proclamar la Palabra y por manifestaciones de Su poder.

Buscaban ser instrumentos efectivos del Reino, no simplemente sobrevivir. La respuesta de Dios fue inmediata y tangible. El lugar se estremeció, simbolizando la presencia poderosa del Señor y fueron llenos del Espíritu Santo, experimentando una renovada seguridad de su identidad en Cristo y un empoderamiento para el Ministerio.

Para restaurar esta dimensión vital en nuestras iglesias modernas, debemos:

1. Fomentar una Cultura de Oración Constante

- **Oración como Estilo de Vida**: Enseñar y modelar la oración como una conversación continua con Dios, no sólo un evento programado.
- **Grupos de Oración**: Establecer grupos pequeños dedicados específicamente a la oración

regular.

- **Cadenas de Oración**: Organizar sistemas para compartir peticiones de oración y mantener a la congregación conectada en un mismo sentir.

2. Organizar Vigilias de Oración y Ayuno Regulares

- **Vigilias**: Programar tiempos extendidos de oración durante la noche, siguiendo el ejemplo de Jesús (Lucas 6:12).
- **Ayunos Congregacionales**: Convocar a la Iglesia a períodos de ayuno y oración por causas específicas o por avivamiento espiritual.
- **Retiros de Oración**: Organizar retiros enfocados en la oración y la búsqueda de Dios.

3. Integrar la Oración en Todos los Aspectos de la Vida de la Iglesia

- **Oración en los Servicios**: Dar más tiempo y énfasis a la oración congregacional durante los cultos.
- **Oración Antes de las Decisiones**: Establecer la práctica de orar antes de tomar cualquier decisión en la Iglesia.
- **Ministerio de Oración**: Formar equipos de oración para ministrar antes, durante y después de los servicios.

4. Utilizar la Tecnología para Fomentar la Oración

- **Aplicaciones de Oración**: Recomendar y utilizar Apps que ayuden a mantener una vida de oración consistente (**YouVersion Bible App, My Prayer Journal, Echo Prayer**).
- **Recordatorios Digitales**: Usar las redes sociales

o mensajes de texto para enviar recordatorios y prompts de oración.

- **Reuniones de Oración en Línea**: Facilitar encuentros de oración virtuales para aquellos que no pueden asistir en persona.

5. Enseñar sobre el Poder y la Importancia de la Oración

- **Series de Sermones**: Predicar sobre la oración, su poder y su importancia en la vida cristiana.
- **Testimonios de Oraciones Contestadas**: Compartir regularmente historias de cómo el Señor ha respondido a las oraciones.
- **Estudios Bíblicos sobre Oración**: Ofrecer cursos o grupos de estudio centrados en el tema de la oración según las Escrituras.

6. Crear Espacios Físicos para la Oración

- **Rincón de Oración**: Designar áreas específicas en la Iglesia para la oración individual o en grupos pequeños.
- **Jardines de Oración**: Si es posible y tu Iglesia tiene lugar para ello, crear espacios al aire libre dedicados a la reflexión y la oración.
- **Muros de Oración**: Establecer lugares donde las personas puedan escribir sus peticiones de oración.

7. Fomentar la Oración Familiar e Individual

- **Devocionales Familiares**: Proporcionar recursos para ayudar a las familias a orar juntas en casa y rescatar el Altar Familiar.
- **Diarios de Oración**: Animar a los miembros a mantener un registro de sus oraciones y las respuestas de parte del Señor.

- **Compañeros de Oración**: Emparejar a los miembros para que se apoyen mutuamente en la oración. (Mateo 18:19-20)

Revitalizar la vida de oración en nuestras iglesias es fundamental para experimentar el poder y la presencia de Dios como lo hizo la Iglesia primitiva. La oración no es simplemente una actividad más en la vida de la Iglesia; es el latido del corazón de una comunidad de fe vibrante y transformadora. Al restaurar la centralidad de la oración, no sólo fortalecemos nuestra conexión con el Señor, sino que también nos abrimos a Su poder transformador en nuestras vidas y comunidades.

Una Iglesia que ora, experimenta el mover sobrenatural de Dios, ve vidas cambiadas e impacta al mundo con el poder del Evangelio. Que nuestras iglesias se conviertan nuevamente en *"casas de oración"* (Mateo 21:13), donde la presencia del Espíritu Santo sea palpable y Su poder sea evidente en cada aspecto de nuestra vida comunitaria e individual.

MOMENTOS DE REFLEXIÓN

❑ ¿En qué áreas de tu vida personal y de tu Iglesia ves la mayor necesidad de restauración?

❑ ¿Cómo puedes contribuir a revitalizar la vida de oración en tu familia y en tu comunidad de fe?

❑ ¿De qué manera puedes fomentar una comunidad más auténtica y profunda en tu círculo de influencia cristiana?

❑ ¿Qué pasos concretos puedes dar para depender más del poder del Espíritu Santo en tu vida diaria y ministerio?

❑ ¿Cómo puedes renovar tu compromiso con la Palabra de Dios de una manera que transforme no sólo tu mente, sino también tu corazón y tus acciones?

❑ ¿Qué aspectos de tu vida necesitan ser "desdomesticados" para alinearse más con el llamado radical de Cristo?

❑ ¿Cómo puedes cultivar una mayor pasión por compartir el Evangelio con los perdidos en tu entorno?

Epílogo

Al llegar al final de este libro, es mi esperanza que te sientas no solamente desafiado, sino también inspirado y equipado para ser parte de la restauración de la Iglesia de Cristo. Recuerda, la Iglesia que Jesús estableció no fue diseñada para ser una institución cómoda o un club social, sino una fuerza transformadora en el mundo.

La restauración de la Iglesia comienza con cada uno de nosotros, con nuestra disposición a volver al diseño original de Jesús para nuestras vidas y comunidades. No te conformes con una fe diluida o domesticada. Abraza el llamado radical del Evangelio. Permite que el Espíritu Santo te llene de poder. Sumérgete en la Palabra de Dios. Cultiva una vida de oración profunda. Ama a tu prójimo con un amor que esté dispuesto a hacer sacrificios por otros. Comparte el Evangelio con valentía.

La Iglesia restaurada no es una utopía, sino una realidad que podemos experimentar cuando nos comprometemos plenamente con Cristo y Su visión para nosotros. Que el Señor te dé la gracia y el valor para ser parte de Su Iglesia restaurada, una Iglesia que refleje verdaderamente Su gloria y poder en nuestro mundo necesitado.